こんな時どう言う？

史上最強の電話応対のマナー

マネジメントサポートグループ代表
古谷治子［監修］

ナツメ社

はじめに

　「電話応対は難しい」——こう考えている人は少なくないと思います。電話に出ると緊張して、うまく言葉が出ない時もあるでしょう。また、表情が見えないので、相手がどんなことを考えているのか、どんな気持ちでいるのかを耳で聞いた声だけで判断しなければなりません。

　自分が担当していない業務について問い合わせを受ける、あるいは相手がクレームをつけてきて、それに応対しなければならない場合もあります。

　しかし、難しそうに思える電話応対も、コツさえつかめばスムーズに受け答えができるようになります。本書には、基本的なルールやマナー、電話でよく使われるフレーズなどをシチュエーション別にまとめてありますので、ぜひ実際の業務に役立ててください。

　電話応対は、お客様と会話できる貴重な機会です。どんな問い合わせや要望が多いかを分析して、自社の商品・サービスのクォリティ向上につなげることができます。また、誠意のあるしっかりとした受け答えでお客様の信頼を得ることにより、ビジネスが展開しやすくなるでしょう。

　本書で電話応対のスキルアップを図り、ビジネスに活用してくださることを願ってやみません。

2010 年 3 月
マネジメントサポートグループ代表
古谷治子

本書の使い方

本書は全部で8つの Chapter に分かれています。
- Chapter 1ではビジネス電話の基本マナーを、Chapter 2では話し方・言葉遣いについて解説しています。
- Chapter 3〜7までは、シーン別に具体例を挙げながら、実際の電話応対におけるフレーズの選び方や言葉遣い、トラブル対処法まで、わかりやすく解説しています。
- Chapter 8では電話応対はもちろん、対面での会話にも使える「話し方・聞き方のマナー」を解説しています。ビジネスや日常生活に活かしてください。

Key Phrase
このページのキーフレーズです。

会話例
シーン別に正しい会話例を示しています。

🗣 を自分の立場として
相手 を相手の立場として
読んでください。

シーンによっては、「良い応対例」と「悪い応対例」を併記し、どこをどう直せばよいのかがひと目でわかるようになっています。

会話例の解説
会話例では気をつけたいフレーズに❶、❷などの番号がふられています。この番号は右の小さい囲みの番号に対応しており、話し方や表現のコツ、ポイントなどを解説しています。

注意
間違えやすい言葉遣いや、使わないほうがいいフレーズなどについてコメントしています。

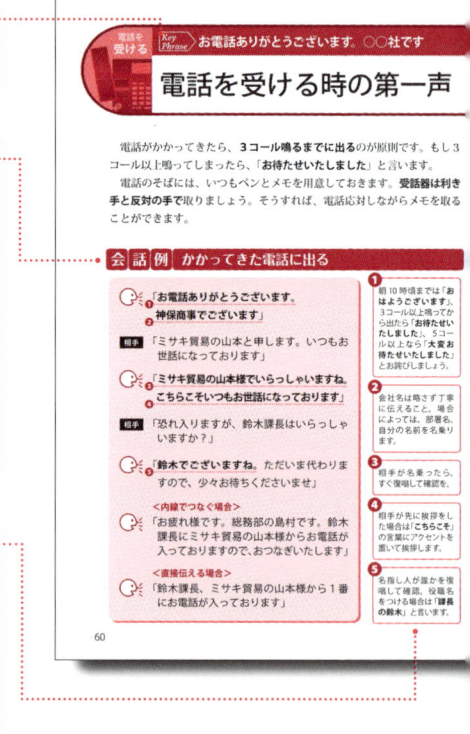

●巻末付録「電話応対フレーズ集」では、シーン別に、本書で紹介したなかでも特に使用頻度の高いフレーズをまとめました。とっさの対応や確認にお役立てください。

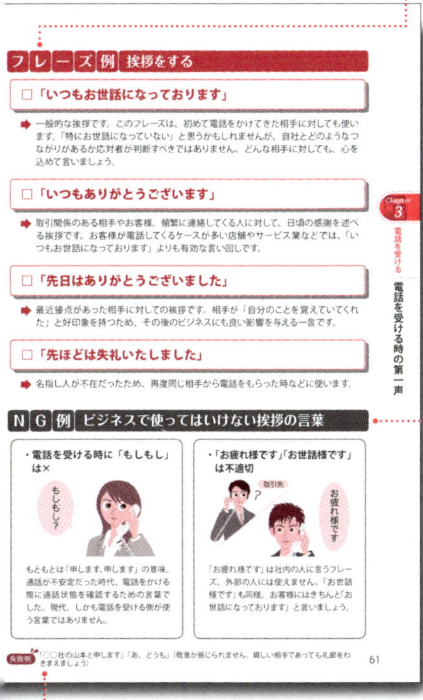

フレーズ例　挨拶をする

□「いつもお世話になっております」

➡ 一般的な挨拶です。このフレーズは、初めて電話をかけてきた相手に対しても使います。「特にお世話になっていない」と思うかもしれませんが、自社とどのようなつながりがあるか応対者が判断すべきではありません。どんな相手に対しても、心を込めて言いましょう。

□「いつもありがとうございます」

➡ 取引関係のある相手やお客様、頻繁に連絡してくる人に対して、日頃の感謝を述べる挨拶です。お客様が電話してくるケースが多い店舗やサービス業などでは、「いつもお世話になっております」よりも有効な言い回しです。

□「先日はありがとうございました」

➡ 最近接点があった相手に対しての挨拶です。相手が「自分のことを覚えていてくれた」と好印象を持つため、その後のビジネスにも良い影響を与える一言です。

□「先ほどは失礼いたしました」

➡ 名指し人が不在だったため、再度同じ相手から電話をもらった時などに使います。

NG例　ビジネスで使ってはいけない挨拶の言葉

・電話を受ける時に「もしもし」は×

もともとは「申します、申します」の意味。通話が不安定だった時代、電話をかける際に通話状態を確認するための言葉でした。現代、しかも電話を受ける側が使う言葉ではありません。

・「お疲れ様です」「お世話様です」は不適切

「お疲れ様です」は社内の人に言うフレーズ。外部の人には使えません。「お世話様です」も同様。お客様にはきちんと「お世話になっております」と言いましょう。

失敗例　「○○社の山本と申します」「あ、どうも」（敬意が感じられません。親しい相手であっても礼節をわきまえましょう）

Chapter 3　電話を受ける　電話を受ける時の第一声

61

フレーズ例

シーン別に、入れ替えられるフレーズや応用フレーズを紹介しています。解説と併せて読むことで、最適なフレーズを見つけてください。

ミニコラム

NG例

シーン別に、使ってはいけないフレーズや、知らずに行っているマナー違反、タブー等について解説しています。

ワンランク上の電話対応

相手に好印象を与える、ワンランク上の電話応対を紹介。これがスラスラできるようになれば、あなたも電話応対の達人です。

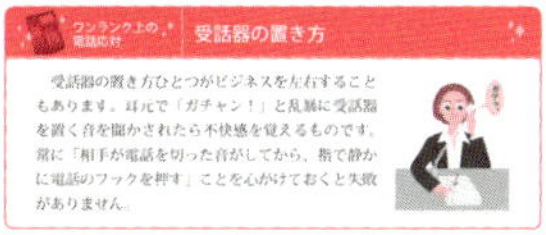

ワンランク上の電話応対　受話器の置き方

受話器の置き方ひとつがビジネスを左右することもあります。耳元で「ガチャン！」と乱暴に受話器を置く音を聞かされたら不快感を覚えるものです。常に「相手が電話を切った音がしてから、指で静かに電話のフックを押す」ことを心がけておくと失敗がありません。

check

電話応対の際、迷いがちな言い方や対処法について解説しています。

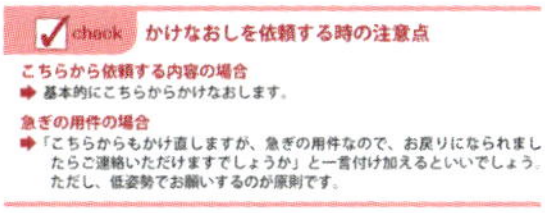

check　かけなおしを依頼する時の注意点

こちらから依頼する内容の場合

➡ 基本的にこちらからかけなおします。

急ぎの用件の場合

➡ 「こちらからもかけ直しますが、急ぎの用件なので、お戻りになられましたらご連絡いただけますでしょうか」と一言付け加えるといいでしょう。ただし、低姿勢でお願いするのが原則です。

欄外プチ解説コーナー

abc 英語ならどう言う？
よく使うフレーズの英訳です。

ワンポイント
すぐにおさらいできる、ちょっとしたコツや注意点を紹介。

失敗例
自分では気づきにくい言い間違いなどを具体的に紹介。

Contents

はじめに　1

本書の使い方　2

Chapter 1 ビジネス電話の基本

良い企業イメージをつくる電話応対とは？ ……… 12

ビジネスでの電話のマナー ……… 14

電話に出る前に知っておきたい5つの基本 ……… 16

電話応対の基本的な流れ ……… 18

まず相手の話を理解することからはじまる ……… 20

電話応対の時間は3分が勝負 ……… 22

電話のたらい回しを防ぐ ……… 24

NG例 電話応対で気をつけたいマナー ……… 26

Chapter 2 話し方・言葉遣いの基本

電話での第一声は「大きさ」「トーン」「調子」に気をつける ……… 30

話すスピードを意識する ……… 32

| 聞き取りやすい話し方 | 34 |

| 敬語の種類 | 36 |

| 敬語を使いこなす | 38 |

| 立場に合わせた呼称の使い分け | 40 |

| 好印象を与える言葉遣い | 42 |

| ビジネスでよく使われる言葉遣い | 44 |

| クッション言葉を使いこなす | 46 |

| 否定的な内容は肯定的な言葉遣いに変換する | 48 |

| マイナスをプラスにする話し方 | 50 |

| 命令形ではなく依頼形を使う | 52 |

| あいづちで聞き上手に | 54 |

| 避けたい言葉遣い | 56 |

いろいろ使える！ 電話応対頻出フレーズ ……… 58

Chapter 3 電話を受ける

| 電話を受ける時の第一声 | 60 |

| 相手の名前を確認する | 62 |

| 名指し人が出られなかったら | 64 |

伝言を依頼されたら …… 66

電話の内容を復唱する …… 68

伝言メモの書き方 …… 70

折り返し電話を頼まれたら …… 72

相手の話が聞き取りにくい時は …… 74

相手が急いでいる時は …… 76

代理で用件を承る時は …… 78

自分では対応しきれない時は …… 80

電話を切る時のマナー …… 82

こんな時はどうする？ 困った電話への対処のコツとポイント …… 84

お得意様に対応した「お客様ノート」 …… 86

Chapter 4 電話をかける

電話をかける前の準備 …… 88

第一声〜目当ての人に取り次いでもらう …… 90

用件の伝え方とポイント …… 92

スムーズなアポイントの取り方 …… 94

相手が不在の時は …… 96

伝言の頼み方	98
電話を切る時のポイント	100
相手に不快感を与える話し方	102
言いにくいことを伝えるポイント	104
言い忘れ、言い間違いがあってかけなおす	106
不在にしていて折り返しの電話をする時	108

こんな時はどうする？ トラブル対処方法 ……… 110
間違い電話をかけてしまったら
急用ができたので約束をキャンセルしたい

Chapter 5 携帯電話・FAX のマナー

携帯電話の基本的なマナー	112
携帯電話で重要事項を伝えるのは NG	114
会議、打ち合わせ、訪問先での携帯電話のマナー	116
留守番電話にメッセージを残す時のポイント	118
仕事中の私用電話は NG	120
FAX のメリット・デメリット	122
FAX 送信のポイント	124
FAX を送る前、送った後の連絡	126

こんな時はどうする？ トラブル対処方法 128
携帯電話の相手の声が聞こえにくい
間違いFAXが届いた

Chapter 6 さらに磨きをかける電話応対

理解力・質問力・回答力・提案力で信頼をつくる 130

理解力を高めるナビゲーション話法 132

質問力に磨きをかけるオープン質問とクローズ質問 134

内容を復唱することで相手に安心感を与える 136

回答力でわかりやすく伝える 138

提案力でお客様のニーズを引き出す 140

注文の電話を受ける 142

問い合わせ電話を受ける 144

依頼・問い合わせの電話をかける 146

督促電話をかける 148

営業電話をかける 150

抗議の電話をかける 152

お礼の電話をかける 154

お詫びの電話をかける 156

英語の電話がかかってきたら …… 158

こんな時はどうする？ トラブル対処方法 …… 160
取り次ぐのに相手の名前を忘れてしまったら
周囲が急に騒がしくなったら

 **Chapter 7 クレーム電話への応対**

クレームで会社は成長する …… 162

クレームを言うお客様の心理を理解する …… 164

クレームの原因を把握する …… 166

クレーム応対上手になる5つのポイント …… 168

クレーム電話への最初の応対 …… 170

やみくもに謝るだけでなく状況に即した応対を …… 172

クレームの内容を上手に聞き出すには …… 174

クレーム応対でのNGワード …… 176

お客様の心を和らげる一言 …… 178

クレームへの感謝の気持ちを忘れずに …… 180

アフターフォローも気を抜かずに …… 182

クレーム処理後の応対と再発防止 …… 184

電話応対の内容を記録する …… 186

記録を分析して活用する ……………………………………… 188

電話応対の記録は社内で共有する ……………………………… 190

会社の応対を統一する …………………………………………… 192

売上アップにつなげるには ……………………………………… 194

こんな時はどうする？ トラブル対処方法 ………………… 196
「社長を出せ！」と言われた
電話が長くなりそうな時

Chapter 8 電話応対に活かせる話し方・聞き方のマナー

電話で話す時と会って話す時の違いとは ……………………… 198

話し上手になるために …………………………………………… 200

会話がはずむ言葉選び …………………………………………… 202

自分の考えを上手に表現する方法 ……………………………… 204

話し上手より聞き上手に ………………………………………… 206

目上の人との会話術 ……………………………………………… 208

上手な話の切り出し方 …………………………………………… 210

スムーズな話の打ち切り方 ……………………………………… 212

電話応対フレーズ集 …………………………………………… 214

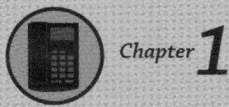

Chapter 1

ビジネス電話の基本

電話応対は企業の顔
良い企業イメージをつくる電話応対とは？

電話の話し方一つで企業イメージは評価される

　新入社員をはじめとする若手ビジネスパーソンの多くは電話応対に苦手意識を持っているようです。しかし、社名を名乗って電話に出る以上、苦手意識を抱いて自信のないまま応対していると、会社全体の実力まで疑われてしまいかねません。

　たとえば、あなたがどこかの会社に電話した時、相手の声がボソボソとしていて聞き取りづらかったり、暗い声だったり、ぞんざいな応対をされたらどう感じますか？　大半の人は「雰囲気の悪い会社」「失礼な会社」と思うでしょう。このように、電話に出た人の話し方一つで企業イメージがダウンしてしまうこともあります。

　しかし、明るく感じの良い応対、丁寧な応対をしている会社は、「**しっかりした社風がある**」と判断され、お客様からの信頼も深まります。感じの良い電話応対によって、**新しいお客様をつかむことも可能**なのです。

　ですから、電話に対する苦手意識を払拭して、しっかりとした電話応対のマナーを身につける必要があるのです。

良い応対をするためのポイント

- 相手が言っていることを正確に把握して記録する
- こちらが言うべきことを簡潔に伝える
- 社内の状況を知っておく
- 相手に好印象を与える
- 自社商品やサービスを理解しておく
- 頻繁に連絡してくる得意先を把握しておく

きちんとした応対ができる人になるためには？

電話応対は相手の顔が見えないだけに難しく、総合的なコミュニケーション能力が求められます。相手が言っていること、求めていることを正確に把握して記録する、こちらが言うべきことを簡潔に伝える、そして相手に好印象を与える——電話応対は**会社の実力・イメージを示す**と同時に、**社員自身の仕事に対する姿勢や実力を示す**ものでもあるのです。

たとえば、他の作業をしながら電話に出たり、話している時の姿勢が悪いと、姿は見えなくても相手に伝わります。また、自分の担当以外の業務について質問された時に「わかりません」と答えたり、あいまいな返答をすれば、相手に不信感を抱かせてしまいます。たとえ自社が扱っている商品やサービスがどんなに良質なものでも、社員がこのような応対をしていると評価が下がってしまうものです。

良い電話応対をするためには、自社商品やサービスを理解していなければなりません。また「この問い合わせは、この部署の誰に取り次げばいい」など、社内の状況も知っておく必要があります。頻繁に連絡してくる得意先について把握しておくことも重要です。電話応対のスキルを上げることで、自然とあなたのビジネススキルやコミュニケーション能力もアップするはずです。

良い応対をするために必要なスキル

- 第一声の明るさ、声のトーン
- 適切なあいづち
- クッション言葉の活用
- 声の大きさ、滑舌、スピード、イントネーション
- 敬語の使い方と節度ある言葉遣い
- タイムリーな感謝と謝罪

英語ならどう言う？　This is JINBOU company. How can I help you？（神保商事でございます）

姿勢や態度は声に表れる
ビジネスでの電話のマナー

基本は「明るく・丁寧に・正確に・迅速に」

　ビジネス電話のマナーの基本は、「①**明るく**、②**丁寧に**、③**正確に**、④**迅速に**」の4点です。

　声だけが頼りの電話は、話し方や声の表情だけで相手に好印象を与えなければなりません。メールのように文字が残るわけではありませんから、相手の話をその場で正確に把握することが重要です。さらに、待たされた相手はイライラしますから、迅速な対応も求められます。お客様は大切な時間を使って電話をかけてきていることを念頭に置いて、迅速な対応を心がけてください。

ビジネス電話の4つのポイント

❶ 明るく
明るくはっきりと、簡潔に話すことが大切。特に、第一声は会社の印象を左右します。笑顔で話をするようにすると、声も自然に明るくなります。

❸ 正確に
いつ電話がかかってきてもいいように、メモとペンは必ず用意。復唱しながらメモを取ると相手に安心感を与え、要点も整理できます。

❷ 丁寧に
言葉遣いや話し方には対面の時以上に気を使わなければなりません。また、理解しにくい専門用語など難しい言葉は避けるようにします。

❹ 迅速に
電話が鳴ったら、3コール以内に出ること。それ以上なら「お待たせしました」、やむを得ず5コール以上で出る時には「大変お待たせいたしました」とお詫びを。

電話応対のチェックリスト

※あなた、または自社の電話応対を採点してみましょう。合格ラインは 80 点以上です。この結果を参考に本書を読み進めていってください。

	チェック内容	評価 あてはまる ← → あてはまらない					計
受け方	❶ コールは 3 回以内に出ている	5	4	3	2	1	
	❷ 会社名・名前を名乗っている	5	4	3	2	1	
	❸ 第一声が明るく好印象を与えている	5	4	3	2	1	/15点
基本スキル	❶ 声の表情は明るい（トーン）	5	4	3	2	1	
	❷ 正しい発音で話している（語尾が伸びない、滑舌、ボリューム）	5	4	3	2	1	
	❸ 正しい言葉遣い、敬語を使っている	5	4	3	2	1	
	❹ お客様の話を遮ったり、一方的に話をしていない	5	4	3	2	1	/20点
応対能力	❶ お客様の会話をあいづちでしっかり受け止めている	5	4	3	2	1	
	❷ 話のペースをお客様に合わせている	5	4	3	2	1	
	❸ 的確な質問で聞くべきことを誘導し、情報収集している	5	4	3	2	1	/15点
業務知識力	❶ 正確な商品知識を持ち、明確に答えている	5	4	3	2	1	
	❷ お客様の質問に的確にわかりやすく回答している	5	4	3	2	1	
	❸ 他の人に代わることなく質問に答えられる	5	4	3	2	1	/15点
手続処理能力	❶ 迅速に応対している（3 分以内）	5	4	3	2	1	
	❷ 復唱し、ミスのないよう注意している	5	4	3	2	1	
	❸ 担当部署や担当者を明確にしている	5	4	3	2	1	/15点
営業開拓力	❶ お客様の不安を解消できる応対である	5	4	3	2	1	
	❷ 商品・会社のメリットを十分に伝えられている	5	4	3	2	1	/10点
顧客満足	❶ 感謝の気持ちが伝わる応対である	5	4	3	2	1	
	❷ 信頼感と安心感を与えている	5	4	3	2	1	/10点

ⓐⓑⓒ 英語ならどう言う？　May I ask who is calling? (どちらさまでしょうか？)

ビジネスの電話応対には、5つの基礎知識が必要

電話に出る前に知っておきたい5つの基本

① 電話操作に慣れる

電話応対の第一歩は、**電話操作を覚えること**。「担当者に電話をつなごうと思ったけれど、どのボタンを押せば保留になるのかわからない」「転送しようとしたら、誤って電話を切ってしまった」……。これでは迅速な対応は無理ですし、せっかく丁寧な応対をしていたのに、きちんと保留にしていなかったために電話をかけてきた相手を怒らせてしまいかねません。保留方法や転送方法などは、きちんと覚えておきましょう。

■ **知っておきたい主な電話の機能**
- 保留
- 保留解除
- 転送（内線と外線）
- 代理応答

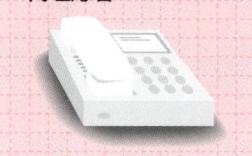

② 自社の社員の名前を覚える

自社の社長・役員の名前、同じ部署の社員の名前は最初に覚えましょう。これを覚えていないと、電話を取ってもおろおろしてしまうだけでなく、相手からの評価も下がってしまいます。すぐに覚えられなければ、会社の組織図を手元に置いておく、または机の配置などとともに社員の名前をメモしておくといいでしょう。

3 自社の概要、商品知識を把握する

お客様から商品やサービスに関する問い合わせがあった際、的確に応対するには**自社の商品・サービスについての正確な知識**は欠かせません。知識がないばかりにあいまいな受け答えをしてしまうと、後々トラブルになることもあります。自分で答えられない場合は、どの部署の誰に取り次げばいいかも把握しておくこと。また、よくある問い合わせについては、内容とそれに対する答えをまとめておくといいでしょう。社内のことに詳しくなれば、自信を持って電話に出ることができます。

本社・支社の住所、電話番号、ファクシミリ番号、部署などについてもあらかじめ整理しておくことが大事です。他部署に関連する電話がかかってきた時に、「この話は営業部の○○さんにつないだほうがいい」「この問い合わせは広報部に回そう」と電話の内容に応じて判断できるようになります。

4 取引先の社名や担当者の名前を覚える

頻繁にかかってくる会社やお客様の名前を間違えるのは、とても失礼なことです。**よく電話をかけてくださる方の名前はリスト**にしておいて、声を聞いただけで名前が浮かぶくらいにしておくと便利です。

ミサキ貿易の佐々木さんだわ。
いつもお世話になっております。

5 敬語やビジネス用語を使いこなす

敬語には主に「**尊敬語**」「**謙譲語**」「**丁寧語**」がありますが、これらを取り違えて使っていたり、「二重敬語」という間違った使い方をする人が多く見受けられます。また、敬語だけではなくビジネスの場にふさわしい丁寧な言い回しも求められます。これらを正しく使うことによって、相手への敬意を表すことができるのです。

敬語やビジネス用語については、Chapter2 で詳しく説明します。

ⓐⓑⓒ 英語ならどう言う？ Mr.Yamamoto is out now.（山本はただいま外出いたしております）

電話応対の一連の流れとパターンを覚えよう

電話応対の基本的な流れ

電話に出る
- 3コール以内に出ること！
- 3コール以上の場合 ➡「お待たせしました」
- 5コール以上 ➡「大変お待たせしました」
- 受話器は利き手と反対の手で持つ（メモが取りやすい）

名乗る
- 「挨拶＋社名」が基本
  ➡「お電話ありがとうございます。○○社です」
- 第一声は明るく、元気に！

相手への挨拶
- 相手が名乗ったら
  ➡「いつもお世話になっております」
- 相手が名乗らなかったら
  ➡「失礼ですがどちらさまでしょうか」
- 名前が聞き取れない時は
  ➡「恐れ入りますが、もう一度お名前をお伺いしてもよろしいでしょうか」

名指し人がいる場合
- 電話を保留にしてから相手の社名と名前を伝える
  ➡「△△社の△△様からお電話です」

名指し人がいない場合
- 名指し人の状況を相手に伝える
  ➡「あいにく□□は外出いたしております」
  ➡「あいにく□□は席を外しております」
  ➡「□□はただいま別の電話に出ております」

電話応対の基本的な流れ

相手の要望を聞く

- **折り返し電話をさせる場合**
  - ➡「戻りましたらこちらからお電話いたしましょうか」
  - ➡「少し時間がかかりそうなのですが、折り返しお電話を差し上げるようにいたしましょうか」
- **名指し人が不在で同じ部署の別の担当者に取り次ぐ場合**
  - ➡「別の者でよろしければ用件をすぐお伺いできますが、いかがいたしましょうか」
- **相手の希望を直接聞く場合**
  - ➡「午後5時には戻る予定ですが、いかがいたしましょう」
- **伝言を聞く場合**
  - ➡「よろしければ私○○がご用件を承りますが……」
- **自分ではわからない用件について聞かれた場合**
  - ➡「恐れ入りますが、私ではわかりかねますので、担当の者に代わります」

電話の折り返しを頼まれたら

- **相手の電話番号を確認・復唱する**
  - ➡「かしこまりました。それでは念のためご連絡先をお伺いできますでしょうか」
  - ➡「お電話番号は0000－0000ですね。かしこまりました。それでは□□に申し伝えます」

伝言を頼まれたら

- **伝言された用件は必ず復唱し、伝言メモに残す**
- **相手が「こちらからまた改めさせていただきます」と言った場合**
  - ➡「恐れ入ります。お電話があった旨□□に申し伝えます」

電話を切る

- **締めの挨拶**
  - ➡「私、○○が承りました」
  - ➡「ありがとうございました。失礼いたします」
- **相手が電話を切ったことを確認して、静かに受話器を置く（電話はかけたほうが先に切るのが基本）**

ⓐⓑⓒ 英語ならどう言う？ Mr.Yamamoto is not at his desk at the moment.（山本はただいま席を外しております）

相手が伝えたいことを理解できないと、適切な回答はできない

まず相手の話を理解することからはじまる

お客様が何を伝えたいのかをつかむことが先決

　商品に関する問い合わせ、会社への道順を尋ねる、クレームなど、お客様が電話をかけてくる目的はいろいろあります。それを把握して、要旨は何なのかをつかまなければ適切な応対はできません。まず、**お客様が伝えたいことを理解する**のが電話応対の最初のステップです。

　しかし、話の要点がつかみづらく、内容がわかりにくい場合もあるでしょう。そのような時には、電話を受ける側がお客様のニーズを積極的に引き出す必要があります。商品の概要を知りたいのか、価格を知りたいのか、新製品の情報が聞きたいのか、会社について質問があるのか、クレームがあるのかなど、こちらから質問しながらお客様が伝えたいことを正確に把握するのです。

- 相手に自由に答えてもらう質問
➡ **オープン質問**

- 「来週の会合はどこで行いましょうか？」
➡「△△ホテルの会議室にしましょう」

- 「コース料理にはデザートがつきますが、何になさいますか？」
➡「ケーキよりも、もう少しさっぱりしたものがいいんだけれど……」

- 「はい」「いいえ」など、短く答えられる質問
➡ **クローズ質問**

- 「会合の出席者はA社、B社、C社の販促担当者でよろしいですか」
➡「できればD社の担当者にも出席してもらってください」

- 「デザートにはゼリーもあります。これならさっぱりとしていると思いますが、いかがですか？」
➡「そうだね。それでお願いします」

※オープン質問、クローズ質問についてはP.134を参照。

お客様の要望に対して提案する力をつける

お客様が伝えたいことを理解できたら、それに対して**わかりやすく回答**したり**アドバイス**したりすることが次のステップです。

お客様の要望を伺った時は、それを復唱するなどして確認をします。それによって、話をちゃんと聞いていることが相手に伝わり、安心感を与えることもできるのです。確認の際には、「商品の価格を確認なさりたいということですね」「商品の交換をご希望ということですね」など、「……ということですね」と相手の話を代弁するような質問の形を取ります。

お客様の要望を確認できたら、次は回答をわかりやすく説明する技術が必要です。「ポイントは3つあります。1点目は……2点目は……」と、要点を短く区切って話すと、相手は理解しやすいでしょう。

また、仕事上の専門用語など難解な言葉は使わないこと。年配のお客様に対しては、カタカナ言葉や外国語なども避けることが大切です。

いくら質問しても要望がまとまらないお客様に対しては、質問をうまく使って要望を引き出し、こちらから具体的な提案をするといいでしょう。

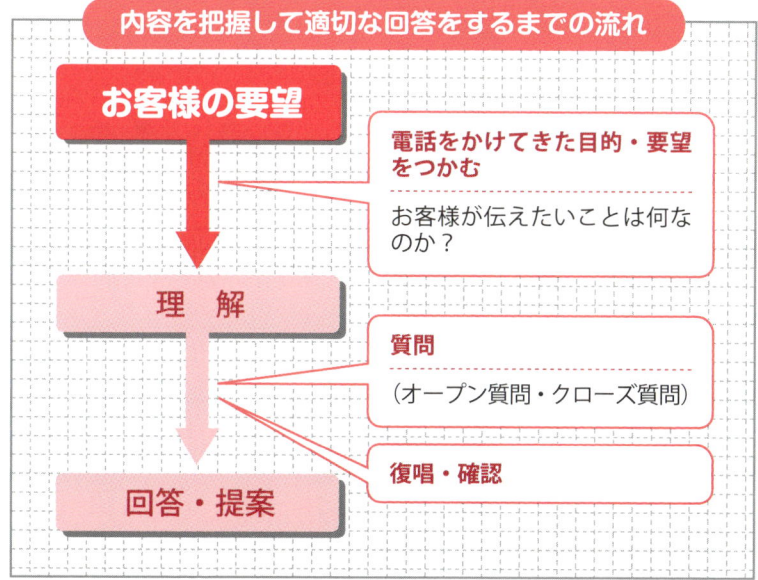

内容を把握して適切な回答をするまでの流れ

お客様の要望
→ 電話をかけてきた目的・要望をつかむ
お客様が伝えたいことは何なのか？

理解
→ 質問
（オープン質問・クローズ質問）

→ 復唱・確認

回答・提案

ワンポイント　話の内容がよく理解できない時には、「それは○○なのですね?」「つまり○○ということですか?」と確認しながら話を促します。

「時は金なり」。効率的な電話応対を心がけよう

電話応対の時間は3分が勝負

常にコスト意識を持つ

　電話にはさまざまなコストがかかっています。フリーダイヤルであっても、相手は電話をかけるために時間を使うのです。**「時は金なり」**と言いますが、電話を受ける場合も、かける場合も**無駄な時間を使わない**ように心がけなければなりません。

　特に気をつけなければならないのは、電話を保留にした時です。電話では相手の姿が見えないので、つい待たせていることを忘れてしまうのです。

　では、電話応対にかける時間はどのくらいが適当なのでしょうか。

　取り次ぎの際に待たされる時間を考えてみましょう。保留にされてから

どうしても時間がかかりそうな時には

❶ 自分では答えられない内容の場合

　担当者でなければ答えられないような問い合わせや、他の部署に関わる用件だった時には、その旨を相手に伝えて電話を回します。

　電話を回す場合には、取り次ぎ先に相手の名前や用件を簡潔に伝え、同じことを言わせないようにすることも大切です。取り次ぐ人が見当たらない時は、あちこちたらい回しにせず、いったん電話を切って、適切な担当者から折り返し電話をしてもらいましょう。

「あいにく私では詳しいことがわかりかねます。上司に代わりますので少々お待ちいただけますか」

「その件につきましては、担当の者からご説明させていただきます。少々お待ちいただけますか」

「その件につきましては、担当の者から折り返しご連絡させていただきます」

30秒くらい経つと、多くの人はイライラし始めます。30秒は短いと感じるかもしれませんが、実際に測ってみると意外に長く感じるものです。相手を待たせる場合、**30秒が限度**、**全体の用件は3分以内**に終わらせるといいでしょう。

　無駄な時間をかけないためには、要領よく応対することはもちろんですが、正確な知識を身につけておくことも重要です。お客様からの質問に対してすぐ答えられる知識を持っているなど、効率的な電話応対には仕事に関する知識が不可欠になってきます。

　ただし、電話を早く終えればいいとは限りません。相手を待たせないことは大前提ですが、電話時間を短縮しようとしてお客様の話を正確に把握しないまま電話を終わらせる、伝えるべきことを省略してしまう、自分ではわからないことを確認せずにあいまいな返事をしてしまうなど、的確でない応対をすると、トラブルを招くことになります。また、ぞんざいな態度や早口などは、相手に不快感を与えることにもなりかねません。

　電話を早く終えることばかりに気を取られず、状況に応じて臨機応変に応対するようにしましょう。

❷ すぐには答えられない内容の場合

　電話を保留にしたまま上司に尋ねたり、資料を調べたりしていては、相手を長く待たせることになります。内容を確認した上で折り返し電話する旨を相手に伝えましょう。その際、「夕方5時頃お電話いたしますが、よろしいですか」など、具体的に期限を伝えます。期限までに完璧な答えが用意できない時も、必ず約束の時間に電話してその時点の状況を伝えた上で改めて期限を設定します。

「その件につきましては確認した上で、私からご連絡いたします。1時間ほどお時間を頂戴できますでしょうか。午後3時頃ご連絡を差し上げたいと思いますが、よろしいですか」

❸ 名指しされた人がすぐ電話に出られない場合

　名指しされた人の状況（外出中、席を外している、来客中など）を伝え、折り返しにする、あるいは伝言を受けます。

ワンポイント　情報不足で主張することも否定することもできない時は、「即答しかねる部分がありますので、後日改めてご連絡いたします」といったん電話を切り、改めて電話をするようにしましょう。

相手の用件をよく聞き、適切な部署へ電話をつなぐ

電話のたらい回しを防ぐ

たらい回しは顧客満足を大きく損ねる

電話のたらい回しはお客様にとっては「不親切な応対」と同じくらい、不快感を感じるものです。特にクレームの電話の時にたらい回ししてしまうと、2次クレームを生むことになりかねません。ただでさえ怒っているお客様は、相手の言葉や待たされることに普段以上に敏感になっています。**お客様の用件をよく聞き、適切な部署へつなぐようにしましょう。**

会話例 たらい回しを防ぐ応対

「お電話ありがとうございます。○○社の■■です」

相手「御社のテレビを昨日買ったのですが、スイッチを入れても画面が映らないんですよ。音は普通に出るんだけど」

「画面が映らないということですね。ご不便をおかけいたしまして申し訳ございません。お買い上げの機種と購入店をお聞かせいただけますか」

相手「機種は△△で、A市内のB電器店です」

「機種は△△、A市内のB電器店でご購入されたということですね。承知いたしました。お客様相談センターでテレビの状態を詳しくお伺いいたしますので、ただいま電話をおつなぎいたします。少々お待ちください」

▼ 電話を保留にして担当部署に

「お客様からのお問い合わせです。**昨日お買い上げの△△が、スイッチを入れても映らないとのことです。ご購入なさったのは、A市内のB電器店です」**

たらい回しを防ぐポイント

❶ 用件をよく聞く

　たとえば、お客様から「御社のテレビについて聞きたいことがあるのだけれど」と言われた時に、すぐ「では、営業部におつなぎします」と電話を回したとします。ところが営業部が電話に出ると、相手は「新しく買った御社のテレビがうまく映らない」と告げたので、営業部員は「それでは、お客様相談室におつなぎします」と電話を回す――。

　これがたらい回しの要因の1つです。お客様の用件を詳しく聞かずに勝手に判断してしまうと、適切な部署・担当者に電話をつなぐことができません。お客様が何について聞きたいのか、正確に把握してから取り次ぎましょう。

　相手の用件が複数の部署にまたがっている場合は、主旨をしっかりと聞いてからしかるべき部署につなぎます。どうしても複数部署に回さなければならない際は、その旨を相手と電話を取り次ぐ人に説明しておきます。

御社のテレビについて聞きたいことがあるんだけど……

▼

| 価格か | 操作方法か |

| 売っている場所か |

| 新製品に関する情報か |

| クレームか |

❷ 他部署に電話を取り次ぐ際にお客様の名前や用件を伝える

　お客様が何度も同じ話をしなくて済みます。また、用件がきちんと伝達されることによって、適切な担当者に速やかにつなぐことができます。

❸ 担当者が不在の時には、責任を持って応対する

　応対する人が何度も代わると、相手の不快感は高まっていきます。もし担当者が不在なら、「この件は、私○○が責任を持って担当者▲▲に申し伝えます。戻りましたらすぐ折り返し電話させます」と応対して、お客様に安心感を与えましょう。

担当の田崎が戻りましたらすぐ折り返し電話させます。

そうね、田崎さんなら全部わかってるから安心だわ

失敗例　「ちょっとわからないので、担当者に回します」では、相手に「たらい回しにされるのでは」と警戒心を抱かせます。

電話応対で気をつけたいマナー

電話応対で気をつけるべきマナーを、NG例でもう一度振り返りましょう。

忙しいのでなかなか電話に出ない

3コール以内に出るのが原則です。出るのが遅かった場合は「お待たせいたしました」の一言を忘れずに。

仕事をしているため、うつむいたまま電話に出る

うつむいたまま電話に出ると、声がこもってしまい、暗く聞こえてしまいます。顔をきちんと上げて電話に出ましょう。

パソコンを打ちながら電話に出る

「○○しながら」といった態度や姿勢は声に表れるものです。また、手が離せないので、あごに受話器を挟んで話すのも厳禁です。何かをしながら電話に出るのはやめましょう。

頬杖をついて電話に出る

相手に見えないと思っても、だらけた姿勢や態度で電話応対すると声の調子に表れてしまいます。姿勢はきちんと、笑顔で電話に出るように心がけましょう。これ以外にも「足を組む」「ふんぞり返って話す」「食べ物を口に入れたまま出る」「空いた手でコードや筆記用具などをもて遊ぶ」などもNG。

電話応対で気をつけたいマナー

机の上が散らかっていて、メモとペンがすぐに用意できない

いつ電話がかかってきてもいいように、筆記用具は必ず手元に置いておきましょう。受話器を利き手と反対の手で持つと、メモが取りやすいでしょう。

不機嫌な声・聞き取りにくい声で話す

電話応対は「明るく・元気に・丁寧に」がポイントです。また、最初に出る時には「挨拶+社名」が基本。

最初に「もしもし」と出る

「もしもし」はプライベートな電話ではOKでも、ビジネス電話ではタブーです。

周囲の音がうるさい

電話は想像以上に周囲の音を拾います。あまりうるさいようなら、相手にお詫びした上で、いったん電話を切って場所を移動してこちらからかけなおしましょう。

早口で話す

相手にわかりやすく伝えることが電話応対のポイントです。話す時は聞き取りやすい速さではっきりと発音すること。

専門用語や外国語、カタカナ言葉を使う

専門用語やカタカナ語などは相手が理解できないこともあるので、一般的になっている用語以外は使用を控えましょう。

失敗例　「例の件でご連絡したのですが……」というあいまいな表現では、何の件かわからず、時間の目安も予想できません。

「はいはい」「ええ」など、無難なあいづちを繰り返す

適度なタイミングであいづちを打つことはいいのですが、何となく「はいはい」言うと、「話をいい加減に聞いている」というイメージを相手に与えてしまい、逆に相手を怒らせてしまいかねません。言葉を重ねるのはやめましょう。

あわてて切って、用件を間違えた

できるだけ3分以内に用件を済ませることが望ましいのですが、あわてて終わらせたことで相手の話を間違えて理解してしまうのは問題です。相手の話は最後まで聞き、正確に把握しましょう。

相手の言っていることを理解していない

内容が理解できないと、受け答えがあいまいになり、相手に迷惑をかけてしまいます。わからないことは「恐れ入りますが……」と再度確認。自分の手に余るようなら、速やかに上司や担当者に電話を代わりましょう。

電話を長く保留にしたままにする

お客様を待たせるのは1分が限度です。保留で相手を長く待たせてしまうと、クレームへと発展しかねません。すぐに答えられるかどうか、適切に判断して、時間がかかるようならいったん電話を切って折り返しましょう。

用件が済んだら、すぐに電話を切る

どんなに丁寧に応対しても、最後にガチャンと電話を切られたら、相手は不愉快になります。電話を受けた場合は相手が切ったことを確認してから、静かに受話器を置きましょう。

Chapter 2
話し方・言葉遣いの基本

第一声の挨拶は第一印象を左右する

電話での第一声は「大きさ」「トーン」「調子」に気をつける

第一声は明るくハキハキと

電話は声だけが頼りのコミュニケーションツールです。言葉遣いや発言はその人のイメージを左右するポイントですが、顔の表情を見ることができない電話の場合は、特に声の調子や話し方が第一印象を決定づける大きな要素になります。しかも、第一印象は最初の10〜15秒で決まることが多いので、次に示す**声の大きさ、声のトーン、声の調子**に気をつけてみましょう。

第一声で気をつけたいポイント

声の大きさ

1〜1.5m離れた相手と話すつもりで話す

必要以上に大声を出さなくてもいいのですが、暗くボソボソとした話し方は相手に不快感を与えてしまいます。1〜1.5m離れた相手と話すつもりで応対するといいでしょう。

声のトーン

「ドレミファソ」の「ソ」の高さを意識する

相手にもっとも快く聞こえる声の高さは、「ドレミファソ」の「ソ」の高さです。これを意識しながら、さらに笑顔で話すと、声のトーンが明るく柔らかくなります。

第一声に"挨拶の言葉"を活用しよう

会社名を名乗る前に「お電話ありがとうございます」「おはようございます」と挨拶をする企業が増えました。これは、相手に丁寧な印象を与える効果があるのはもちろんですが、もう一つ、重要な意味があります。**電話の第一声は聞き取りにくいので、それを防ぐための言葉が"挨拶"なのです。**どんなに電話機の性能が向上しても、第一声は相手に音声が伝わっていないことが多く、さらに相手もこちらの声を聞き取る準備がしっかりできていません。そのため、いきなり「ナツメ物産でございます」などと社名を言うと、相手には「……ツメ物産でございます」としか聞こえないことがあります。

何回も社名を名乗っているうちに、慣れてきて一息に早口で言ってしまう人がいますが、きちんと相手に伝わるように常に心がけましょう。

声の調子

強調したい言葉は、抑揚をつけたり話す前に長めに間を取る

単調な話し方だと、相手は事務的で冷たい感じを受けます。特に明確にしたい言葉、強調するポイントはできるだけ抑揚をつけるといいでしょう。また、強調する言葉の前は、少し長めに間を取ると効果的。

これはNG ながら電話

絶対にやってはいけないのが"ながら電話"です。書類を見たりパソコンを操作しながら話すと、それが声の調子に表れてしまいます。その他に、足を組む、頬杖をつく、ふんぞり返る、前かがみになる、受話器をあごに挟むなどのだらけた姿勢もタブーです。背筋を伸ばし、口を大きく開け、ハキハキした話し方を心がけましょう。

> **ワンポイント** 電話ではこちらの表情が見えないので、声で誠意があることを伝えなければいけません。声のトーンや言葉の使い方には注意を。

「ゆっくり丁寧に」を心がけよう

話すスピードを意識する

普段よりもゆっくり話すのが基本

電話では、対面での会話以上に誠意を込めないと相手に伝わらないことがあります。そのため、普段話す時よりスピードを落として応対するように心がけましょう。早口だと聞き間違いの原因にもなります。こちらがせわしなく話すと相手も早口になる傾向があるため、肝心のコミュニケーションが疎かになるだけでなく、落ち着きのない印象を与えてしまいます。

だからといってのんびりと話していると、相手から「ぼんやりした人」「仕事が遅い人」だと思われてしまうこともあります。

電話応対では、**1分間に400字程度の速さが聞き取りやすい**と言われています。これはアナウンサーがニュースの原稿を読む速度。この速さを基本にして、重要なポイントごとにスローダウンしましょう。

用件を伝える、説明する時はテンポを落とす

会話の中で大切な用件を話す時や、相手に説明する際には特に注意が必要です。相手がメモを取っていることも考えて、**少しゆっくり話して**ください。また、相手がお年寄りや子どもの場合も、**テンポを落として明確に発音する**ようにしましょう。

なお、話の区切りで一呼吸置くと早口にならず、相手もこちらの話を聞き取りやすくなります。

ただし、相手が急いでいる時には、ゆっくり応対しすぎると不快感を与えてしまい逆効果。テキパキと用件に応じていきましょう。

ミサキ貿易の佐々木と申します

自分の会社名や名前は早口になりがちです。何度となく口にしているものですから一息に言ってしまいがちですが、これは相手がまず確認したいことです。少しテンポを遅くして、はっきりと名乗ることが大切です。

相手や内容によって話す速度を変える

人間には、**自分と同じテンポで話されると気分よく会話ができる**という心理があります。ゆっくりと話す相手にはこちらもテンポを落とす、早口の相手には通常よりも少しアップテンポで話す、などの工夫をしましょう。

ただし、あまりにも早口な人に合わせて話してしまうと、重要な用件を聞き落としたり、聞き間違えたりする危険性があります。この場合には、「正確に伝わるように、少しゆっくりお話しさせていただきます」と断りをいれ、スピードを落として話すようにしましょう。そうすれば、こちらがお客様を気遣っていることが伝わり、好印象を与えることもできます。

✓check 会話のスピードで注意する点

- 日常会話よりテンポを落とすのが基本
  （1分間に400字程度話すスピードで）
- 重要な点を話す時、相手に説明する時にはゆっくりと
- お年寄りや子どもに対してはテンポを落とす
- 話の区切りで一呼吸置く
- 相手にスピードを合わせると気分良く話すことができる
- 日常的なやり取り、相手が急いでいる時などは速めに話す
- クレーム応対はゆっくりと丁寧に

ワンランク上の電話応対　クレーム応対は特にゆっくり丁寧に

クレーム応対においては、ゆっくりとした丁寧な話し方が基本となります。相手は感情を害しているため、早口でまくしたてるかもしれませんが、それに巻き込まれてこちらまで速いスピードで話すと、相手は「おざなりの応対で、話をちゃんと聞いていない」と感じて、余計に腹を立ててしまうこともあります。テンポを落として丁寧に話し、時々相手の主張する内容を確認しながら会話を進めていくと、こちらの誠意が伝わります。

ワンポイント　同じ早さで話していると単調になり、聞いている人は興味を失ってしまいます。重要なポイントごとにスローダウンするなど、緩急をつけるようにしましょう。

腹式呼吸ではっきりと発音しよう
聞き取りやすい話し方

電話でよく通る声を出すには

どんなに大きな声で話しても、自分の声が相手に伝わりにくいことがあります。その原因の一つには、発声や発音の問題があります。

❶ 腹式呼吸で話す

声の大きさについて「1～1.5m離れた相手と話すつもりで」と前述しましたが、どうしても暗くボソボソとした声になってしまう人がいます。このような人は、**腹式呼吸をしながら発声**することを心がけましょう。おなかから声を出すと、声に張りが出て相手が聞き取りやすくなります。

腹式呼吸のしかた

吸う　吐く

腹式呼吸とは、おなかを膨らませたり凹ませたりして、横隔膜を上下させることにより呼吸する方法。
息を吸う時に、大きく深呼吸をするようにおなかを膨らませ、息を吐く時におなかを凹ませます。

これはNG　耳障りな発音例

- 「ありがとうございます」が「ありあとざいます」と聞こえる
- 「すみません」が「すいません※」「すんません」と聞こえる
- 「おはよーございまーす」「お世話になっておりますー」など語尾を伸ばす
- 「そうですかぁ～」など文末のイントネーションが上がる
- 「はい」を「はーい※」と伸ばす

※「すいません」は日本語として間違いです。正しくは「すみません」ですが、ビジネス上の電話での謝罪の言葉は「申し訳ございません」が適切。

※「はい」を「はーい」と伸ばすと聞き取りにくくなります。

❷ 息を吹きかけない

　また、声に息が混じってしまうために聞き取りにくくなるケースも見受けられます。対面での会話と違い、電話機を通すと多少息が混じっても聞きづらくなります。**電話機に息を吹きかけないように**注意しましょう。特に「さようでございますか」などサ行の言葉は息が混じりやすいので、電話機から離して発音するようにします。

　一方、「バ」「ブ」などの濁点は相手にとって聞き取りにくいものなので、意識的にはっきり発音することが大切です。

はっきりした発音を心がける

　ビジネス上の電話応対では、はっきりしない発音はタブーです。**口にしっかりと力を入れて大きく開き**、滑舌良く明確に発音しましょう。口をあまり開けずに話すと、発音が不明瞭になってしまいます。

　また、語尾を伸ばしたり文末のイントネーションを上げる癖も、相手にとっては耳障りですから直す必要があります。

　なお、言葉の切れ目をクリアにして、文末まではっきり発音することを心がけると聞き取りやすくなります。アクセントをつけて、メリハリを効かせることもポイントです。

似た発音の言葉に注意

　滑舌良く話しても発音が似ている言葉、アクセントによって異なる意味になる言葉、アクセントが同じでも違う意味の言葉など、聞き違えやすいものがあります。違う言葉に言い換えたり、相手に確認して誤解が生じないようにしましょう。

発音が似ている言葉の例

「1（いち）」と「7（しち）」 ➡	「午後1時」→「13時」、「7月」→「なながつ」などに言い換える
他にも ➡	「4日（よっか）」と「8日（ようか）」 「日比谷」と「渋谷」 「病院」と「美容院」　　　　　　など

ワンポイント　クレーム応対では、声のトーンと同様に、返事をする時も落ち着いて。元気よく「ハイ！」と返事すると、真摯な態度とは受け取られないこともあります。

尊敬語と謙譲語の使い方をマスターしよう

敬語の種類

3種類の敬語を使い分けよう

　ビジネスシーンにおいて、敬語は大切なコミュニケーションツールです。相手が見えない電話応対では、対面での会話以上に言葉遣いが非常に重要です。その場の雰囲気や自分の表情を伝えることができないため、不適切な言葉遣いは対面以上に相手を不快にさせてしまうからです。

　敬語には、主に次の3種類があります。状況に応じて的確に使いこなせるように練習しましょう。

敬語の種類と正しい使い方

尊敬語　相手の動作・状態・性質・所有物に対し、敬意を示すための言葉

1. 「れる」「られる」型　　　➡　例：話される、買われる
2. 「お（ご）〜なる」型　　　➡　例：お帰りになる、お待ちになる
3. 「お（ご）〜くださる」型　➡　例：お話しくださった件について
4. 「お（ご）〜なさる」型　　➡　例：お受け取りなさいました

謙譲語　敬意の対象となる相手に対し、自分をへりくだって謙虚さを示す言葉

1. 「お（ご）〜する」型　　　　➡　例：ご連絡いたします
2. 「お（ご）〜いただく」型　　➡　例：お電話させていただきました
3. 「お（ご）〜願う」型　　　　➡　例：お渡し願いたい
4. 「お（ご）〜申し上げる」型　➡　例：お願い申し上げます

丁寧語　物事を丁寧に表現することにより、相手に柔らかい印象を与える言葉

1. 「です」型　　　　➡　例：これが〇〇です
2. 「ます」型　　　　➡　例：見ます、思います、受け取ります
3. 「ございます」型　➡　例：右側に信号がございます

尊敬語と謙譲語を取り違えないこと

　敬語の使い方の間違いで一番多いのが、尊敬語と謙譲語が混ざったり、この2つを取り違えてしまうもの。相手に不快感を与えかねないので、ぜひ注意を。

尊敬語と謙譲語の使い分け

	尊敬語	謙譲語
行く	いらっしゃる、おいでになる	まいる、うかがう
来る	いらっしゃる、お越しになる	まいる、うかがう
する	なさる、される	いたす
いる	いらっしゃる	おる
見る	ご覧になる	拝見する
言う	おっしゃる、いわれる	申す、申し上げる
聞く	お聞きになる	うかがう、承る
会う	会われる、お会いになる	お目にかかる
知る	ご存じ	存じ上げる
思う	思われる、お考えになる	存じる
食べる	召し上がる	いただく
与える	くださる	さしあげる
もらう	お受け取りになる	ちょうだいする、いただく

これはNG　間違えやすい敬語

× 「○○様が申されましたように」 → ○ 「○○様がおっしゃいましたように」
（「申す」は謙譲語。「〜れる」をつけても尊敬語にはなりません）

× 「○○様はおられますか？」 → ○ 「○○様はいらっしゃいますか？」
（「おります（おる）」は謙譲語なので、やはり「〜れる」をつけても×です）

失敗例 相手に内容の確認をする時「おわかりになりましたか？」はNG。相手をバカにしたように聞こえます。

状況に応じて敬語を使い分けよう

敬語を使いこなす

敬語は状況に応じて変化する

あなたの会社の山田課長あてに、お客様から電話がかかってきたとします。あなたが電話を受けました。

お客様 「山田課長はいらっしゃいますか？」
あなた 「山田課長はただいま外出しております」

もし、こう応対したならＮＧです。役職名は敬称の役割も兼ねているので、お客様が「山田課長」と呼ぶのはＯＫですが、社外の人に対して「山田課長」と使うのは適切ではありません。「山田」と呼び捨てにするか、「課長の山田」と呼ぶのが正しい敬語の使い方です。また、お客様が告げたことを復唱する際には、**謙譲語**と**尊敬語**を言い換えます。

社内・社外・身内に対する使い分け

	社内の人に対して	社外の人に対して	山田課長の身内に対して
山田課長の呼び方	「山田課長」「山田さん」	「山田」「課長の山田」	「山田課長」
外出中であることを告げる場合	山田課長は、ただいま外出されています	山田は、ただいま外出いたしております	山田課長は、ただいま外出していらっしゃいます

お客様「明日の午後２時に弊社の鈴木が伺いますと、山田課長にお伝えください」

→

自分「明日の午後２時に御社の鈴木様がいらっしゃる旨、山田に申し伝えます」

NG例 よくある敬語の間違い

☹「課長の山本に申し上げておきます」

➡「申し上げる」は謙譲語ですが、これでは自分の上司（山本課長）を上に扱ってしまいます。お客様を上にしなければならないので、これは間違い。正しくは**「課長の山本に申し伝えておきます」**です。

☹「島村様でございますか」

➡「ございます」は丁寧語ですが、相手への尊敬の意味はないので、お客様に対しては使えません。**「島村様でいらっしゃいますか」**が正しい使い方です。

☹「島村様のおっしゃられたことは、田中に申し伝えておきます」

➡「おっしゃる」は「言う」の尊敬語ですが、さらに尊敬を表す「〜れる」をつけると二重敬語になります。相手に不快感を与えないまでも、丁寧すぎる妙な言い回しになるので、**「島村様のおっしゃったことは……」**でOKです。

☹「お世話さまでございます」

➡一見、丁寧に聞こえますが、「お世話さま」は同等、もしくは目下に使う言葉になります。**「いつもお世話になっております」**が正しい使い方です。

☹「ゼリーとプリン、どちらにいたしますか？」

➡「いたす」は「する」の謙譲語。お客様に対しては尊敬語の「なさる」を使います。**「ゼリーとプリン、どちらになさいますか？」**が正しい使い方です。

✓check 敬語の基本ルール

❶ 自分については謙譲語、社外の人を含む目上の人には尊敬語を使う。
❷ お客様に社内の人のことを話す時は謙譲語を使う。
❸ 上司の身内に上司のことを話す時には尊敬語を使う。
❹ 社内の人同士の会話では、相手に尊敬語、自分には謙譲語を使う。

ワンポイント　「お客様がお召し上がりになられた」など過剰な敬語は耳障り。「お客様が召し上がった」と正しく表現しましょう。

Chapter 2　話し方・言葉遣いの基本　敬語を使いこなす

ビジネスにふさわしい言葉で呼ぼう
立場に合わせた呼称の使い分け

名前の呼び方には基本パターンがある

自分を指す言葉は、英語なら「I（アイ）」の一語ですが、日本語には「わたくし」「わたし」「あたし」「俺」「僕」と状況によって使い分けることのできる、さまざまな表現があります。

ビジネスでは「あたし」「わたし」「僕」「俺」は使わず、すべて「わたくし」で統一します。また、社外の人に対して自社の社員のことを話す時に「○○さん」「○○部長」と呼ぶのは間違いです。ビジネスにおいては、自分や相手を指し示す言葉に基本的な法則があります。

呼称の使い分け

いろいろな事物の呼称の使い分けは、電話の応対だけではなく、ファクシミリを送る際やビジネス文書、商談などにも応用できますから、ぜひマスターしてください。

また、普段何気なく使っている言葉でも、不快に思う人が多いものについては、改めるようにしましょう。

✓check 「御社」と「貴社」の使い分け

一部の呼称には、口頭で使用する「話し言葉」と、文章で使用する「書き言葉」があります。電話の場合は相手の会社のことを言う時「御社」と表現しますが、ビジネス文書などで使用する場合は「貴社」と表現するのが一般的です。

話し言葉	書き言葉
御社	貴社
○○社様	○○社御中
皆様方	各位

呼称の使い分け例

自分を指す言葉	対象	相手を指す言葉
わたくし	本人	○○様、お客様
わたくしども 当社、弊社、小社	会社	御社、貴社、そちら様、 お客様、○○社様
○○（呼び捨て）	社員	○○様
ご訪問　お伺い	訪問	ご来社　お越し
当団体、本協会、当会	団体	そちら様、貴団体、貴協会、貴会
同行の者	同行者	お連れ様、ご同行の方
社長の○○、課長の○○	役職	社長の○○様、○○社長 課長の○○様、○○課長
私見、考え	意見	ご意見、ご意向
配慮、留意	配慮	ご配慮、ご尽力
書面、書中	文書	ご書面、貴信
受領、拝受	授受	お納め、お笑納
粗品、寸志	贈答品	お品物、ご厚意
拙宅、小宅	家	ご自宅、お宅、お住まい
家の者	家族	ご家族様
夫、主人	夫	ご主人、だんな様
妻、家内	妻	奥様
父、父親	父	お父様、お父上
母、母親	母	お母様、お母上
両親	両親	ご両親様

これはNG　役職名には「様」はつけない

「○○部長様」と言うと、より丁寧に聞こえますが、これはNGです。「社長」「専務」「常務」「部長」「課長」などの役職名にはすでに敬称が込められているので、「様」をつける必要はありません。どうしてもつけたい場合は、「部長の○○様」のように使いましょう。

ワンポイント　社内に名指し人と同じ名字の人が2人いる場合は、「男性の○○でしょうか？」「どちらの部署の○○でしょうか？」と確認します。

相手を思いやった言葉で話を進展しやすくする
好印象を与える言葉遣い

大切なのは敬語だけではない

　ビジネスにおける会話全般では敬語を適切に使うことが求められます。けれども、敬語だけマスターすれば良いというわけではありません。たとえば、あなたが取引先に電話をかけた際、相手が次のように応対したとしましょう。

> 「ちょっと待ってください。（名指し人につなごうとする）すみません。○○は電話中なので、終わったら折り返し電話します」

　上記の応対は、確かに日本語としては間違っていませんが、同じ内容でも、以下のように言われれば、あなたが受ける印象はかなり違うはずです。

> 「少々お待ちください。……申し訳ございませんが、あいにく○○は他の電話に出ております。終わり次第、こちらからお電話させていただいてもよろしいでしょうか」

　このように、**言い方一つで相手に丁寧な印象を与える**ことができます。

相手を思いやる気持ちをさりげなく

　ビジネスの会話では、**相手を思いやる気持ち**をさりげなく表すことが大切です。たとえば、相手に伝えにくいことを言わなければならない時などは、それを和らげる表現を一言添えると、相手の受ける印象が違ってきます。また、自分の要求を告げる際も、こちらの言い分をストレートに話すのではなく、ワンフレーズ付け加えるだけで、話が進展しやすくなります。
　右ページで、悪い応対と良い応対を見比べてみましょう。

会話例 好印象を与える電話応対

悪い応対例

- 「お電話ありがとうございます。▲▲商事、鈴木でございます」

相手「●●会社の山田と申します」

- 「**すみませんが、電話がよく聞こえないので、もう一度言ってください**」

相手「●●会社の山田です」

- 「山田さんですか。こんにちは」

相手「営業部の佐藤さんはいらっしゃいますか」

- 「佐藤は外出中で、**今日は戻りません**」

相手「困ったな。急用なんだけれど。携帯電話に連絡は取れないかな？」

- 「わかりました。**やってみます**」

良い応対例

- 「お電話ありがとうございます。▲▲商事、鈴木でございます」

相手「○○会社の山田と申します」

- 「**お電話が少々遠いようです。恐れ入りますが**（クッション言葉➡P46）**、もう一度お名前を伺えますか**（依頼形➡P52）」

相手「●●会社の山田です」

- 「**○○会社の山田様ですね。いつもお世話になっております**」

相手「営業部の佐藤さんはいらっしゃいますか」

- 「**あいにく**（クッション言葉➡P46）**佐藤は外出いたしております。本日は会社に戻らない予定になっておりますが、お急ぎでしたら携帯電話に連絡いたします**（肯定的な表現➡P48）**が、いかがいたしましょうか**」

相手「わかりました。お願いします」

- 「かしこまりました。では、ご連絡先を伺えますか」

Chapter 2 話し方・言葉遣いの基本

好印象を与える言葉遣い

失敗例「じゃあ、これで」で電話を切ってしまうのは、あまりにもぶっきらぼうです。最後まで丁寧に。

ビジネスでの「決まり文句」を覚えよう

ビジネスでよく使われる言葉遣い

ビジネスでは丁寧な印象を与える言葉遣いが大切

　ビジネスの会話では、相手が「**親切だ**」「**丁寧だ**」と感じる表現を使うことが好印象につながります。

　また、ビジネスの電話においてよく使われる"**決まり文句**"は、代表的な表現を覚えておくと、どんな場合でもあわてずに、好感度が高い応対をすることができるのでしっかりマスターしましょう。

覚えておきたい"決まり文句"

「いつもお世話になっております」

➡ 電話を受ける時、相手が名乗ったら挨拶として使う言葉
　例：「山本様ですね。いつもお世話になっております」

➡ 電話をかける時、名乗った後に続けて使う言葉
　例：「山本と申します。いつもお世話になっております」

➡ 相手がこのフレーズを使った後に使う言葉
　例：「こちらこそ、いつもお世話になっております」

「失礼いたします」

➡ 電話を切る時に言う言葉

「あいにく本日は失礼させていただきました」

➡ 名指しされた人がすでに帰宅してしまった時に使う言葉
　※「本日は退社いたしました」という表現は、帰宅したのか退職したのかわかりにくいので避けましょう。

「今、お電話よろしいでしょうか？」

➡ 電話をかけた時に、相手の都合を尋ねる言葉

「お時間を頂戴してもよろしいでしょうか？」

➡ お客様や目上の人に電話をかけた時に、相手の都合を尋ねる言葉
➡ 返答に時間がかかる時に使う言葉
　例：「お調べいたしますので、少々お時間を頂戴してもよろしいでしょうか？」

ビジネス用語言い換え例

日常で使う表現	ビジネスで使う表現
すぐに	➡ ただいま
さっき	➡ さきほど
すごく	➡ 大変、とても、非常に
ちょっと	➡ 少々
あっち・こっち・そっち	➡ あちら・こちら・そちら
今日	➡ 本日
明日（あした・あす）	➡ 明日（みょうにち）
あさって	➡ 明後日（みょうごにち）
おととい	➡ 一昨日（いっさくじつ）
ありません	➡ ございません
いいですか？	➡ よろしいでしょうか？
言っておきます	➡ お伝えしておきます 申し伝えます
聞きます・お受けします	➡ 承ります
そうですか	➡ さようでございますか
どうですか？	➡ いかがでしょうか？
どうしますか？	➡ いかがなさいますか？
わかりました	➡ かしこまりました 承知いたしました
ごめんなさい・すみません	➡ 申し訳ございません
誰ですか？	➡ どちらさまでしょうか？
何の用ですか？	➡ どのようなご用件でしょうか？
誰を呼べばいいですか？	➡ どの者をお呼びいたしましょうか？
ちょっと待ってください	➡ 少々お待ちください
席にいません	➡ 席を外しております

ワンポイント　電話したい相手の名前がわからなくなったら「○○をご担当されている方をお願いしたいのですが、うっかりお名前を伺うのを忘れてしまいました」と告げましょう。

クッション言葉で相手を思いやる表現に
クッション言葉を使いこなす

相手を思いやる言葉

「**クッション言葉**」とは、相手に配慮する時に使う前置きの表現です。言いにくいことや相手の期待に反することを伝える時に使う言葉で、その名の通り柔らかい印象をつくり出すフレーズです。

相手の意向に沿えない場合や自分の要望を伝える際に、ストレートに告げると相手は冷たく感じてしまうことがありますが、クッション言葉を使うと、会話に柔らかい印象を与えるだけでなく、内容が明確に伝わりやすくなり、相手もこちらの誠意や配慮を受け入れやすくなります。

Ｐ43の【良い応対例】でも、クッション言葉が使われています。「**恐れ入りますが**」は、「もう一度名前を言ってほしい」など、軽い依頼をする際に使います。「**あいにく**」は相手の期待に応えられないことをお詫びする言葉です。「**よろしければ**」は、相手に何かを尋ねる時のクッション言葉です。

- 「本日は定休日です」
- ➡「**あいにく（申し訳ございませんが）本日は定休日でございます**」

- 「では、ご住所を教えていただけますか」
- ➡「**お差し支えなければ、ご住所を教えていただけますでしょうか**」

クッション言葉は、電話応対だけではなくビジネス会話・文書全般に応用できます。以下に代表的なクッション言葉を挙げますので、覚えておきましょう。

依頼をする

恐れ入りますが	「恐れ入りますが、少しお待ちいただけますでしょうか」
恐縮ですが	「恐縮ですが、少々お時間をいただいてよろしいでしょうか」
申し訳ございませんが	「申し訳ございませんが、もう一度お聞かせ願えますか」
お手数をおかけいたしますが	「お手数をおかけいたしますが、この用紙にご記入いただけますか」
ご面倒をおかけいたしますが	「ご面倒をおかけいたしますが、○○へおかけなおしいただけますか」
たいへん勝手を申し上げまして恐縮ですが	「たいへん勝手を申し上げまして恐縮ですが、弊社までご足労いただけますでしょうか」
ご迷惑とは存じますが	「ご迷惑とは存じますが、どうぞよろしくお願いいたします」

相手にものを尋ねる

失礼ですが	「失礼ですが、お名前を教えていただけますでしょうか」
お差し支えなければ	「お差し支えなければ、携帯電話の番号を教えていただけますでしょうか」
よろしければ	「よろしければ、私が拝見いたします」

相手の意向、申し出に沿えないことを伝える

あいにく（あいにくでございますが）	「あいにく山田は休暇をいただいております」
せっかくでございますが	「せっかくでございますが、サンプルをお送りいただく必要はございません」
申し上げにくいのですが	「申し上げにくいのですが、その件は他社にお願いすることになりました」
お言葉を返すようですが	「お言葉を返すようですが、その件につきましては賛成いたしかねます」
身に余るお言葉ですが	「身に余るお言葉ですが、辞退させていただきます」

> **ワンポイント** 一度聞いた相手の名前を忘れてしまった時には「失礼ですが、お名前をもう一度伺ってもよろしいでしょうか？」と言いましょう。

肯定的な言葉遣いで否定を和らげる

否定的な内容は肯定的な言葉遣いに変換する

相手に「拒否された」と思わせない言葉を使う

「できません」「わかりません」「ありません」などのストレートな否定の言葉を聞かされると、誰しも不快な気持ちになるでしょう。相手の期待通りにならない時、それを和らげるための「**肯定的な言い換え例**」を覚えておくと便利です。

同じ内容を伝えるのであっても、言葉遣い一つで相手が抱く印象がずいぶん違います。たとえば、「これと同じデザインのバッグがほしい」と言うお客様に対して、その商品が売れ切れていた場合、ただ「ありません」と答えたら、お客様は「何て素っ気ない」「失礼な人」と感じるでしょう。このようなケースでは、「あいにくその商品は売り切れております」と伝えたほうが相手の感情を傷つけることがありません。

肯定的な表現に合わせて、「**あいにく**」「**申し訳ございませんが**」などのクッション言葉を使うとさらに印象が良くなります。

> あいにくお客様のご要望にお応えできず申し訳ございません

肯定的な言い換え例

できません	いたしかねます／できかねます
ありません	切らしております／他のものならご用意できます
わかりません	わかりかねます／ お時間を頂戴できればお調べいたします／ わかる者からお答えいたします
○○（社員の名前）はいません	席を外しております／外出いたしております

相手の意に沿う代案を提示しよう

相手の言うことを否定するしかない時には、相手の意に沿う代案を提示して、できるだけ肯定的に話を進めるテクニックが有効です。

❌

お客様「プリン50個を送ってほしいのですが、明日、届きますか？」

「本日の発送は終了しましたので、明日のお届けはできません」

お客様「まだ夕方なのに？」

「午後4時で締め切ってしまいますので」

お客様「それなら、明後日には届きますか？」

「50個になると工場直送になりますので、問い合わせてみないとわかりません」

お客様「もう、いいわ」

🔻 **これを、肯定的な言葉を使って言い換えてみましょう。**

⭕

お客様「プリン50個を送ってほしいのですが、明日、届きますか？」

「あいにく本日の発送は午後4時で終了いたしましたので、明日のお届けはできかねます。**明後日ならお届けできますが、よろしいでしょうか**」

お客様「明後日には必ず届けていただけますか？」

「50個でしたら、工場直送になりますので、**一度正確な日時を工場に確認してから、お客様にご連絡を差し上げたいのですが、よろしいでしょうか？**」

お客様「わかりました。では、お願いします」

ワンポイント 要望に添えないことがあったら、「申し訳ございませんができかねます」で終わらせず、できる限り代案を出しましょう。

Chapter 2 話し方・言葉遣いの基本 / 否定的な内容は肯定的な言葉遣いに変換する

マイナス情報を伝える時はプラスの表現で締めくくる

マイナスをプラスにする話し方

相手の意向に沿えない時の話法

前述したように、「山本は席におりません」「返品はできません」など「〜ません」の言い方は、相手の要望を拒絶する印象を与えてしまいます。そのような場合は、「山本は席を外しております」「返品はご勘弁（ご容赦）ください」と肯定的で丁寧な表現に換える必要があります。

しかし、相手の意向に沿えない場合は、敬語や肯定的な言葉を使っても、どうしても冷たく聞こえてしまいます。より良い印象を与えるためには、「**イエス・バット法**」あるいは「**ノー・バット法**」を使うといいでしょう。

■イエス・バット法
ひとまず相手の言い分を認め、その後で要求を断る方法

「わかりました。ただ、今日の午後はどうしても外せない会議がありますので、明日にしていただけますか？」

いきなり「できない」と言ってしまうと相手が身構えてしまうので、まず「わかりました」と相手の要望を承諾したところ（イエス）で、間接的に「明日にしていただけますか」と断ります（バット）。

■ノー・バット法
最初に相手の要求を断るが、その後で代案を提示する方法

「申し訳ございませんが、3日の試合のチケットは完売になりました。しかし、7日の座席にはまだ余裕がございます」

まずは要求に沿えないことを「完売になりました」と告げます（ノー）。その後すぐに「しかし〜」（バット）と別の方法を提案して、相手の言い分を全面的に否定しないように応対します。

マイナス情報をプラスにする方法

　お客様の期待に応えようと努めても、マイナス情報を話さなければならないケースが出てきます。そのような場合は、良い点だけでなく悪い点も正直に説明しながら、お客様が受けるイメージをプラスにする「マイナス・プラス法」を利用するといいでしょう。これは、応対の最後をプラスの表現で締めくくる手法です。

　人間の頭には、文末のフレーズの印象が強く残ります。そのため、最後にプラスの言葉を持ってくることによって、相手にとってのメリットが頭に残り、冷たい感じがする応対を和らげる効果があるのです。

悪い応対例　　　　　　　　　　　　　----プラス　──マイナス

お客様「せっかくだから、海の見える部屋に変えたいのだけれど」

「かしこまりました。ご予約いただいたものよりワンランク上のお部屋ですと海に面しておりまして、○○島も臨めます。ただ、宿泊料金が5000円高くなりますが、いかがいたしましょうか？」

お客様「料金が高くなるのなら、予約した部屋でいいわ」

▼マイナス・プラス法を用いた応対にすると

良い応対例　　　　　　　　　　　　　----プラス　──マイナス

お客様「せっかくだから、海の見える部屋に変えたいのだけれど」

「かしこまりました。宿泊料金にあと5000円プラスしていただきますと、ご予約いただいたものよりワンランク上のお部屋がご用意できます。このお部屋は海に面しておりまして、○○島も臨むことができますが、いかがいたしましょうか？」

お客様「○○島が見られるのはすてきね。5000円足してでもその部屋にしたいわ」

ワンポイント　PRする場合には「マイナス・プラス法」を利用して、マイナス情報も隠さず伝えること。

クッション言葉＋敬語＋依頼形で丁寧な印象を与える

命令形ではなく依頼形を使う

依頼形で角が立たない言い方に

P43の悪い応対例では、電話を受けた人が「すみませんが、電話がよく聞こえないので、もう一度言ってください」と応対しています。「すみませんが」とクッション言葉を使ってはいますが、それにも関わらず冷たい感じを受けます。その原因は、「言ってください」という命令形の表現にあります。これでは、自分では意識していなくても、口調によっては相手に「もう一度言いなさい」と指図しているように聞こえてしまいます。

ビジネスの会話では、「～していただけますか？」「～していただけますでしょうか？」「～をお願いできますか？」といった依頼形の言い回しを使いましょう。

クッション言葉と敬語を依頼形に組み合わせる

また、依頼形だけでなく、クッション言葉と敬語を組み合わせることによって、さらに丁寧な印象を与えることができます。

たとえば、「すみませんが、電話がよく聞こえないので、もう一度言ってください」は、「恐れ入りますが、お電話が少々遠いようですので、もう一度お名前を伺ってもよろしいでしょうか」と言い換えることができます。「よろしいでしょうか」の依頼形だけではなく、「恐れ入りますが」のクッション言葉と「お名前を伺っても」の敬語を合わせて使っているのです。

このように、「**クッション言葉＋敬語＋依頼形（～か？）**」で、より丁寧な印象を与えることができます。

❶ 「明日もう一度来てください」
➡ ご足労をおかけいたしますが、明日もう一度お越しいただけますか？
（クッション言葉）　　　　　　　　　　（敬語）　　　（依頼形）

❷ 「調べますから少し待っていてください」
➡ **申し訳ございませんが、お調べいたしますので少々お待ち願えま**
（クッション言葉）　　　　　　　　　　　　　　　　　　　　（敬語）
すでしょうか？
（依頼形）

❸ 「申込書は郵送で送ってください」
➡ **お手数ですが、申込書は郵送でお送りいただけますでしょうか？**
（クッション言葉）　　　　　　　　　　（敬語）　　　　　　（依頼形）

❹ 「夕方5時にもう一度電話をください」
➡ **恐縮ですが、夕方5時にもう一度お電話をいただけますでしょ**
（クッション言葉）　　　　　　　　　　　　　（敬語）
うか？
（依頼形）

❺ 「入金の日程をもう少し延ばしてください」
➡ **申し上げにくいのですが、入金日をもう少し延ばしていただくわ**
（クッション言葉）　　　　　　　　　　　　　　　　（敬語）
けにはいきませんでしょうか？
　　　　　　（依頼形）

❻ 「電話番号を教えてください」
➡ **お差し支えなければ、お電話番号を教えていただけますでしょうか？**
（クッション言葉）　　　　　　　（敬語）　　　　　　（依頼形）

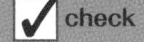

✓ check　"すみません"は誤り？

P 43の悪い応対例ではクッション言葉として「すみませんが」を用いています。ビジネス上の会話では「**申し訳ございませんが**」のほうがふさわしい表現です。謝罪をする時も同様に「**申し訳ございませんでした**」を使うこと。また、「ありがとう」「申し訳ありません」「恐れ入ります」のすべてを「すみません」の一言で代用しがちです。場面に応じて、きちんと使い分けましょう。

> **ワンポイント**　相手に依頼の電話である旨を伝えてから、「実は……」と切り出すと、相手にスムーズに伝わりやすくなります。

あいづちで聞き上手に

あいづちで会話の流れをスムーズにする

あいづちは会話をスムーズにする

　ここまでは相手に良い印象を与える話し方を紹介してきました。ここからは、効果的な話の聞き方を覚えて、ワンランク上の電話応対を目指します。
　対面で会話している時には、相手はこちらの表情や動作を見ることができますから、無言で頷くだけでも話が伝わっていることをわかってもらえます。

主なあいづち

受容 （相手の話を聞く時）	「はい」「なるほど」「さようでございますか」「かしこまりました」
同意 （相手の話に同意・共感する時）	「ごもっともです」「おっしゃる通りです」「その通りです」「私もそう思います」「さようでございますね」
驚き （相手の話に驚く時）	「それは驚きました」「それはすごいですね」「そんなことがあったのですか」
確認 （相手の話を確認・要約する時）	「それは〜ということですね？」「〜ということでよろしいでしょうか？」
展開・誘い （話を膨らませる、より詳しい内容を聞く）	「それで、どうなさいましたか？」「他に何かございますか？」
切り返し （相手の話の背景を探る時）	「それは、どういうことでしょうか？」「と、おっしゃいますと？」
転換 （話を変える）	「ところで〜」
感謝 （感謝の気持ちを伝える時）	「ありがとうございます」「恐れ入ります」
喜び （相手の嬉しさに共感する時）	「それは何よりでございました」「よろしかったですね」
同情 （相手の悲しみなどに共感する時）	「それは本当にお気の毒でした」

しかし、顔が見えない電話応対では、言葉でしっかりとあいづちを返さなければ、話す相手は「ちゃんと聞いているのか？」と不安になります。
　適切なタイミングであいづちを打つことで相手を安心させることができ、会話にリズムが生まれてスムーズに進めることができます。
　また、**あいづちには会話の流れを左右する働きもあります**。たとえば、もっと詳しく内容を聞きたい時には「それで、どうなさいましたか？」など、話を膨らませるあいづちを、内容を確認する場合には「これは〜ということでよろしいでしょうか？」といったあいづちを打ちます。

NG例　こんなあいづちは間違い

❶ 同じ言葉を重ねる

➡「はい」はあいづちの基本ですが、「はいはい」と繰り返すと、話を聞き流していると受け取られてしまいます。同様に「ええ、ええ」も避けるようにしましょう。

❷「はい」だけで受け続ける

➡ 何を言われても「はい」だけのあいづちでは、会話が単調になり事務的な印象になってしまいます。ボキャブラリーを増やす工夫をしてください。

❸ 話の腰を折る

➡ 相手の話を最後まで聞かずに「ちょっと待ってください。それについては……」と自分の話に持っていくと、相手は話す気をなくしてしまい、不満が残ります。

❹ 反論する

➡ 話を最後まで聞いても、「そうですか。しかし今の話には納得できない部分がありまして……」などとすぐに反論すると、相手は不快に感じて話がこじれてしまうこともあります。
たとえ相手が間違っている話であっても、反論せずに、「それはおっしゃる通りです」などのあいづちによって、まず相手への共感を示すことが大事です。

> **ワンポイント**　相手の話を途中で遮って、「ああ、あのことですね。それなら〜」と自分の言いたいことを話し出すのはタブー。

あいまいな表現や耳障りな言葉に気をつけよう

避けたい言葉遣い

あいまいな言葉遣いは避ける

あいまいな表現は誤解を生み、後でクレームの原因になるかもしれません。また、業務にきちんと打ち込んでいないという印象を与えてしまうこともあります。わからないことについては、「申し訳ございません。その件に関しましては至急確認を取り、折り返しお電話いたします」と伝えます。

> 申し訳ございません。その件に関しましては至急確認を取り、折り返しお電話を致します

【NGワード】あいまいな言葉使い

「もしかしたら」	「ひょっとしたら」	「だいたい」
「〜かもしれません」	「〜と思います」	「〜のはずです」
「おそらく」	「たぶん」	「一応」　　「〜あたり」
「朝イチ」	「今日中」	「週末」

😟 **悪い応対例**
➡「その商品は、**一応**明朝にはお届けできる**と思います**」

😊 **良い応対例**
➡「その商品は、**確かに**明朝10時までにお届け**できます**」

耳障りな言葉はビジネスでは避ける

次の言葉を考えている時につい口にしてしまう言葉、日本語として入れる必要がない言葉など、耳障りな言葉はビジネスにふさわしくありません。

【NGワード】耳障りな言葉

「えーと」　「あのー」　「あのですねー」　「まあ」　「さぁ〜」
「はぁ？」(相手の言っていることがわからない時に使いがち)
「〜の方」(「商品の方」「お名前の方」など)
「〜感じ」(「午後1時にはお伺いできる感じですが」など)
「〜の形」(「レポートの形で提出いたします」など)
「○○円から」(「○○円からお預かりします」)
「よろしかったでしょうか？」

※「○○円からお預かりします」
「○○円をお預かりします」が正解。

※「よろしかったでしょうか？」
過去形はすでに終えてしまったこと（過去のこと）を確認する言葉で、これから起こることには使いません。「明日10時までにはお届けできますが、よろしかったでしょうか？」→「明日10時までにはお届けできますが、よろしいでしょうか？」が適切な表現です。

文末を逆接で終わらせない

　文章を最後まできちんと話さないと、正確な意図が伝わりません。特に「明朝10時までにはお届けできますが」「山本はあいにく外出しておりますが」など、「〜ますが」「〜ですが」「〜ですけど」といった逆接で終わらせると相手に判断をゆだねることになり、悪い印象を与えてしまいます。「山田はあいにく外出しておりますが」→「山田はあいにく外出しております。5時には戻る予定ですが、いかがいたしましょうか？」と丁寧に応対しましょう。

ビジネスで若者言葉は厳禁

「ありえなーい」	➡ 「とんでもないことです」
「○○っぽい」	➡ 「○○のような」
「っていうか」	➡ 「ところで」
「私って○○じゃないですか」	➡ 「私は○○なんです」
「私（わたし）的には」	➡ 「私としては」
「超○○です」	➡ 「たいへんに（とても）○○です」

ワンポイント　事実と自分の意見や感想はきちんと区別して伝えましょう。事実を伝える時に「〜と思います」「〜みたいです」はタブー。

いろいろ使える！
電話応対頻出フレーズ

電話がかかってきたら

基本	➡	「お電話ありがとうございます。○○社の山本でございます」
相手が名乗ったら	➡	「いつもお世話になっております」
相手が名乗らなければ	➡	「失礼ですが、どちらさまでしょうか？」
	➡	「私は山本と申します。恐れ入りますが、お名前をお聞かせいただけますでしょうか？」
名指し人につなぐとき	➡	「鈴木に（担当者に）おつなぎいたしますので、少々お待ちくださいませ」

名指し人が電話に出られない場合

謝罪して電話に出られない理由を述べる	➡	「申し訳ございません。あいにく鈴木は席を外しております」 ※この他「会議中」「電話中」「外出中」など
相手に情報を与えて誘導する場合	➡	「午後5時には戻る予定になっておりますが、いかがいたしましょうか？」
折り返し電話をさせる場合	➡	「恐れ入ります。少々時間がかかりそうなので、折り返しお電話を差し上げるようにいたしましょうか？」
	➡	「午後5時には戻る予定です。戻りましたらこちらからご連絡を差し上げるようにいたしましょうか？」
別の担当者が用件を聞く場合	➡	「よろしければ、私、山本が代わりにご用件をお伺いいたしますが、いかがいたしましょうか？」
伝言を頼まれたら	➡	「かしこまりました」「はい、承ります」
相手の連絡先を聞く場合	➡	「お差し支えなければ、携帯電話の番号を教えていただけますでしょうか？」
	➡	「恐れ入りますが、もう一度お名前とご連絡先を伺ってもよろしいでしょうか？」

電話の最後には

用件や伝言を受けた時に自分の名前をもう一度名乗る	➡	「私、山本が承りました」
用件を聞いて電話を切る時	➡	「失礼いたします」「ありがとうございました」「お電話ありがとうございました」

Chapter 3

電話を受ける

| 電話を受ける | Key Phrase | お電話ありがとうございます。○○社です |

電話を受ける時の第一声

電話がかかってきたら、**3コール鳴るまでに出る**のが原則です。もし3コール以上鳴ってしまったら、「**お待たせいたしました**」と言います。

電話のそばには、いつもペンとメモを用意しておきます。**受話器は利き手と反対の手で**取りましょう。そうすれば、電話応対しながらメモを取ることができます。

会話例　かかってきた電話に出る

😊「**お電話ありがとうございます。❶**
　　神保商事でございます」❷

相手「ミサキ貿易の山本と申します。いつもお世話になっております」

😊「**ミサキ貿易の山本様でいらっしゃいますね。**❸
　　こちらこそいつもお世話になっております」❹

相手「恐れ入りますが、鈴木課長はいらっしゃいますか？」

😊「**鈴木でございますね**。ただいま代わりますので、少々お待ちくださいませ」❺

＜内線でつなぐ場合＞
😊「お疲れ様です。総務部の島村です。鈴木課長にミサキ貿易の山本様からお電話が入っておりますので、おつなぎいたします」

＜直接伝える場合＞
😊「鈴木課長、ミサキ貿易の山本様から1番にお電話が入っております」

❶ 朝10時頃までは「**おはようございます**」、3コール以上鳴ってから出たら「**お待たせいたしました**」、5コール以上なら「**大変お待たせいたしました**」とお詫びしましょう。

❷ 会社名は略さず丁寧に伝えること。場合によっては、部署名、自分の名前を名乗ります。

❸ 相手が名乗ったら、すぐ復唱して確認を。

❹ 相手が先に挨拶をした場合は「**こちらこそ**」の言葉にアクセントを置いて挨拶します。

❺ 名指し人が誰かを復唱して確認。役職名をつける場合は「**課長の鈴木**」と言います。

フレーズ例　挨拶をする

☐「いつもお世話になっております」

➡ 一般的な挨拶です。このフレーズは、初めて電話をかけてきた相手に対しても使います。「特にお世話になっていない」と思うかもしれませんが、自社とどのようなつながりがあるか応対者が判断すべきではありません。どんな相手に対しても、心を込めて言いましょう。

☐「いつもありがとうございます」

➡ 取引関係のある相手やお客様、頻繁に連絡してくる人に対して、日頃の感謝を述べる挨拶です。お客様が電話してくるケースが多い店舗やサービス業などでは、「いつもお世話になっております」よりも有効な言い回しです。

☐「先日はありがとうございました」

➡ 最近接点があった相手に対しての挨拶です。相手が「自分のことを覚えていてくれた」と好印象を持つため、その後のビジネスにも良い影響を与える一言です。

☐「先ほどは失礼いたしました」

➡ 名指し人が不在だったため、再度同じ相手から電話をもらった時などに使います。

NG例　ビジネスで使ってはいけない挨拶の言葉

・電話を受ける時に「もしもし」は×

もともとは「申します、申します」の意味。通話が不安定だった時代、電話をかける際に通話状態を確認するための言葉でした。現代、しかも電話を受ける側が使う言葉ではありません。

・「お疲れ様です」「お世話様です」は不適切

「お疲れ様です」は社内の人に言うフレーズ。外部の人には使えません。「お世話様です」も同様。お客様にはきちんと「お世話になっております」と言いましょう。

失敗例　「○○社の山本と申します」「あ、どうも」（敬意が感じられません。親しい相手であっても礼節をわきまえましょう）

電話を受ける | Key Phrase : もう一度お名前を伺ってもよろしいでしょうか？

相手の名前を確認する

　取り次ぐ時のポイントは、「誰から」「誰あて」にかかってきた電話かを正確に把握すること。相手の名前を間違えることは失礼にあたります。名指し人が心当たりのない名前を言われて、「誰だろう？」と疑問を持ちながら電話に出ると、それが声の調子に表れてしまうことも。これでは相手に良い印象を与えません。**相手の名前は必ず確認して正確に伝えましょう。**

　なお、相手が名乗らなかった時や、よく聞き取れなかった時などは、「失礼ですが」といったクッション言葉を使って、丁寧に名前を尋ねることが大切です。

会話例　相手を確認する

- 「おはようございます。神保商事でございます」
- 相手「恐れ入りますが、鈴木課長はいらっしゃいますか？」
- ❶**「失礼ですが、どちらさまでしょうか？」**
- 相手「ミサキ貿易の山本と申します。いつもお世話になっております」
- ❷**「ミサキ貿易の山本様でいらっしゃいますね。**
  ❸**こちらこそ、いつもお世話になっております。**
  ❹**ただいま鈴木に代わりますので、**少々お待ちくださいませ」

❶ 相手の名前は必ず確認します。

❷ 相手が名乗ったら、必ず復唱して確認。

❸ 相手が特定できたら、必ず挨拶を。

❹ 電話を保留にする前に、必ず相手を待たせる理由を述べます。いきなり「少々お待ちください」と言うのは避けましょう。

注意
相手が名指し人を告げた時は、必ず「鈴木でございますね」と復唱して確認しましょう。

フレーズ例 相手の名前を尋ねる

□「失礼ですが、どちらさまでしょうか？」

➡ 「**失礼ですが**」「**恐れ入りますが**」などのクッション言葉を使うと、丁寧な印象を与えながら尋ねることができます。きちんと名前を確認すれば相手も安心しますし、お客様や取引先を大事にする会社だとイメージアップにつながります。

□「恐れ入りますが、どちらの山本様でいらっしゃいますか？」

➡ 相手が社名を名乗らなかった時に使うフレーズです。名前を確認するだけでは不十分。別の会社に同姓のお客様や担当者がいるかもしれません。必ず社名や団体名を確認しましょう。

□「申し訳ございませんが、もう一度お名前を伺ってもよろしいでしょうか？」

➡ 相手の名前をうまく聞き取れなかった時には、このように尋ねます。しかし、2回以上尋ねると、相手は不快に思うかもしれません。その場合は「**少々お電話が遠いようですが**」と電話機を理由にするのも一つの手です。

NG例 相手を確認する時に失礼な言葉遣い

・「誰ですか？」はビジネス向きではない

口調によっては相手を怪しむような表現になるため、大変に失礼な表現です。「誰」を「どなた」と敬語に変えて「どなたですか？」と言っても、この印象は拭えません。

・「お名前を頂戴できますか？」は日本語として間違い

名前はモノのように人にあげたり、もらったりはできません。同様に「お名前をいただけますか？」も間違い。「**お名前を教えていただけますか？**」「**お伺いしてもよろしいですか？**」が正解。

失敗例 相手の名前を忘れたからと、取り次ぐ時名指し人に「忘れてしまったのですが」と伝えるのは失格。

電話を受ける　Key Phrase　こちらからお電話させていただきますが、いかがいたしましょうか？

名指し人が出られなかったら

　電話を受けた時、名指し人が必ず電話に出られるとは限りません。そういう時には、「**申し訳ございません**」とお詫びした上で、「**電話中**」「**会議中**」「**外出中**」「**休暇中**」など理由を説明して、「**いかがいたしましょうか？**」と相手の判断を仰いだり、「代わりにご用件を伺います」「折り返しお電話するように申し伝えます」など状況に応じて応対しましょう。

会話例　名指し人が不在だった

相手「恐れ入りますが、鈴木課長はいらっしゃいますか？」

＜電話中の時＞
「申し訳ございません。鈴木はあいにく他の電話に出ております。**❶まもなく終わりそうですので、少々お待ちいただけますでしょうか？**」

＜昼食に出ている時＞
「申し訳ございません。**❷鈴木はただいま席を外しております。❸午後1時までに戻る予定ですが、いかがいたしましょうか？**」

＜外出している時＞
「申し訳ございません。**❹鈴木はただいま外出いたしておりまして、本日は戻らない予定になっております。❺明日出社次第、こちらからお電話させていただきますが、いかがいたしましょうか？**」

❶ 長引きそうなら、「**終わり次第（〇分後に）こちらからお電話させていただいてもよろしいでしょうか？**」と尋ねます。

❷ 「昼食に行っています」など具体的な説明は避けます。

❸ 時間がわからない場合は「**詳しい時間は聞いておりませんが、〇時頃には戻ると思います**」と案内を。

❹ 具体的な外出先を外部の人に伝えるのはタブー。

❺ 相手が待てない場合は、「**私で（他の担当者で）よろしければ、ご用件を伺います**」と次善の対応を。

フレーズ例　名指し人が出られない時

☐ **「申し訳ございません。鈴木は接客中でございます。ただいま呼んでまいりますので、少々お待ちいただけますでしょうか？」**

➡ 会議中や接客中の場合には、「いかがいたしましょうか？」とすぐに取り次がないのが一般的ですが、相手が急いでいる時や重要なお客様からの電話は取り次いだほうが良い時もあります。ケース・バイ・ケースで判断を。

☐ **「申し訳ございませんが、鈴木はただいま手が離せないと申しております。〇分後にこちらからお電話を差し上げてもよろしいでしょうか？」**

➡ 忙しくて、どうしても電話に出られない時のフレーズ。このような場合は、相手の判断を仰ぐ前に折り返し電話をする旨を伝えます。「今、取り込んでいるので」はトラブルがあった時に使う言葉なので、通常は避けましょう。

☐ **「申し訳ございません。鈴木は休暇をいただいております。〇日には出社いたしますが、いかがいたしましょうか？」**

➡ 体調不良、旅行などを理由に休暇を取っている社員に電話がかかってきた時には、休んでいる理由を述べる必要はありません。いつ出社するのか、今後の予定をできるだけ正確に伝えて、相手の判断を待ちましょう。

☐ **「あいにく鈴木は先ほど帰宅いたしました。明日は通常通り出社いたしますが、いかがいたしましょうか？」**

➡ 勤務時間外なら「帰宅した」と告げて構いません。相手が急いでいるようなら、「**至急携帯電話に連絡を取ってみます**」「**別の担当者におつなぎいたします**」と対応策を提案して、できるだけ用件を聞くようにしてください。

ワンランク上の電話応対　会議中・接客中の電話の取り次ぎ方

❶ 相手に「**会議中（接客中）ですが、お急ぎでしょうか？**」「**少々お待ちいただけますでしょうか？**」と尋ねます。
❷ 名指し人に見せるメモをつくります。「〇〇様からお電話です。どうしますか？　1．すぐに出る　2．あとでかけなおす」と書いておきます。
❸ 静かに会議室や応接室に入り、「**会議中（接客中）申し訳ございません**」と言ってメモを見せます。名指し人が電話中の時にも応用できます。

ワンポイント　相手に「電話があったことを伝えなくていい」と言われても、誰から電話がかかってきたか必ずメモで残すようにしましょう。

電話を受ける | Key Phrase > 確認のため、復唱させていただいてもよろしいでしょうか？

伝言を依頼されたら

相手から伝言を頼まれたら、用件は**復唱しながらメモを取り**、聞き間違いがないようにしましょう。復唱・確認することは相手に安心感を与えるだけではなく、要点をきちんと整理する効果もあります。

会話例　伝言を確認する

相手「ご伝言をお願いできますでしょうか？」

「かしこまりました。承ります」

相手「明日14時から本社で会議を行う予定だったのですが、場所が西東京支社に変更になりました。住所と地図は、後ほど鈴木課長あてにメールでお送りいたします。玄関ロビーに10分前に来ていただくようにお伝えいただけますか？」

（復唱しながら用件をメモする）
❶❷「**確認のため、復唱させていただいてもよろしいでしょうか？**」

相手「はい」

❸「**明日14時からの会議の場所が西東京支社に変更、住所と地図は鈴木あてにメールで送っていただき、開始10分前に玄関ロビーに伺うとのことでございますね？**」

相手「はい、その通りです」

「承知いたしました。❹**総務部の島村が承りました。**確かに鈴木に申し伝えます」

❶ 伝言を聞きながらあいづちを打ち、要点をメモに書き留めます。

❷ メモの内容を再度復唱して確認します。

❸ 「5W2H」を押さえながら確認します。不明点はあいまいにせずに質問すること。

❹ 最後に自分の名前を名乗ります。相手に安心感を与え、何かあれば再度問い合わせがしやすくなります。

注意
相手の言ったことを復唱する際、謙譲語を尊敬語に言い換えること。

フレーズ例　伝言を復唱・確認する

☐「会議の資料は宅配便でお送りくださるとのことですね？」

➡ 相手が「資料をお送りいたします」と謙譲語で話した内容を復唱する時には、「お送りくださる」と尊敬語に換えて繰り返します。同様に、相手が「またお電話します」と言ったら、「お電話してくださる（お電話いただける）とのことですね?」と応対しましょう。

☐「□□社の○○様に鈴木からご連絡を差し上げるようにとのことですね？」

➡「鈴木さんからご連絡していただきたいのですが」と相手が自社の社員に対して尊敬語を使った場合には、それを謙譲語になおして復唱します。

☐「ご到着は3時30分頃でございますね？」

➡ 相手が「30分ほど遅刻します」と連絡してきたからといって、そのまま「30分遅れるのですね？」と繰り返すと、遅刻を責めている印象になりかねません。実際の到着時刻を確認します。

☐「ここまでのお話を確認させていただけますでしょうか？」
「ここまでの内容は○○ということで間違いないでしょうか？」

➡ 伝言が長くなりそうな時には、一度区切りの良いところで内容を確認して、ポイントを整理するといいでしょう。

ワンランク上の電話応対　5W2Hを意識して伝言を確認する

5W2Hとは「**Who**（誰が）」「**When**（いつ）」「**Where**（どこで）」「**What**（何を）」「**Why**（なぜ）」「**How to**（どのように）」「**How much (many)**（いくつ・いくら）」です。これらの項目が不明、あいまいだと、伝言された人は相手に再度確認しなければなりません。内容を間違って受け取ってしまうことも考えられます。5W2Hを意識しながら応対していれば、相手が言い忘れたことがあった場合にそれに気がついて、聞き出すことも可能です。

ⓐⓑⓒ 英語ならどう言う？ I'll make sure he(she) get your message.（伝言は必ずお伝えいたします）

電話を受ける
より正確な確認の仕方をマスターしよう
電話の内容を復唱する

　伝言を聞く場合に、正確さが求められることは言うまでもありません。相手の用件をきちんと復唱・確認すれば聞き間違えることはないのですが、復唱の仕方にもコツがあります。単に相手の言ったことをオウム返しにするのではなく、**具体的な品名や時間に置き換える、聞き間違えやすい言葉は言い換える**など、効率的な確認の仕方をマスターして、電話応対の技術をアップさせましょう。

会話例　商品の注文を受ける

相手「恐れ入りますが、ご伝言をお願いできますか？」

「かしこまりました」

相手「今回は新しい商品も試してみたいので、いつもお願いしている商品を 1000 個と、商品Ｂのサンプルを 10 個送っていただきたいのですが」

❶「**商品Ａを 1000 個と商品Ｂのサンプルを 10 個でございますね**」

相手「はい。12 日までに弊社に届けていただきたいのですが」

❷「**今月 12 日、来週の月曜日までに御社にお届けすればよろしいのですね？　ご希望のお届け時間はございますか？**」

相手「午前中必着でお願いします」

❶ 「いつもの商品」を「商品Ａ」と言い換えています。具体的に言い換えることで、思い込みによるミスを回避できます。

❷ 日付は聞き間違えやすいものの一つ。曜日もあわせて確認すれば、正確に聞き取ることができます。

商品Ａを一〇〇〇個…

フレーズ例 伝言を復唱する

相手「9時スタートの予定が後ろに30分ずれるとお伝えください」
□ **「9時スタートの予定が9時30分スタートに変更になったとのことですね？」**

➡ 「開始が30分繰り上がった」「20分遅刻する」などのフレーズは、そのまま復唱するのではなく、実際の時間に置き換えて「○時○分開始」「○時○分に到着」と事実だけを確認すると間違いが起こりにくくなります。

相手「昨年1月の資料をお送りいただきたいのですが」
□ **「7月（なながつ）ではなく、1月（いちがつ）の資料をお送りすればよろしいのですね？」**

➡ 固有名詞や数字を聞き間違えると、ビジネスに支障をきたしてしまいます。1（いち）と7（しち）も聞き間違えやすい言葉です。「なな」に言い換えるなどして、しっかりと確認しましょう。

相手「株式会社ＢＹＤ（ビーワイディー）の山下さんあてに送ってください」
□ **「株式会社ＢＹＤは、ブルーのＢ、イエローのＹ、デスクのＤですね？　そちらの山下様あてにお送りするとのことで間違いないでしょうか？」**

➡ アルファベットも正確に聞き取りにくいもの。Ｂ（ビー）とＤ（ディー）など紛らわしい文字は、簡単な英単語などを例に挙げながら復唱していくと効果的です。

まぎらわしい言葉の確認方法

数字	4日（よっか）と8日（ようか）	「3月4日水曜日ですね？」
発音が似ている言葉	渋谷（しぶや）	「ハチ公の渋谷ですか？」
	日比谷（ひびや）	「日比谷公園のある日比谷ですね？」
漢字	伊藤（いとう）さん	「とうは藤（ふじ）ですか、東（ひがし）ですか？」

ⓐⓑⓒ 英語ならどう言う？　Could you please spell your name?（お名前のスペルを確認させてください）

電話を受ける　「誰が」「いつ」「どこで」「何を」「なぜ」「どのように」「いくつ」をおさえよう

伝言メモの書き方

　電話応対の時は、**メモを取る**ことを習慣づけましょう。「伝言をお願いします」と言われてからペンを持つのではなく、相手が名乗った時からメモを取り始めれば、話を聞き漏らすことがなくなります。電話がかかってきたら手元にあるメモに要点を書き、後で清書します。メモの体裁は自由ですが、要点をまとめてフォーマット化しておくといいでしょう。

伝言メモのフォーマットと書き方例

　　　　　　　　　　　　　　　　　　㊤急・普通　❶

　　　　企画部　柴田　　様　❷

　　　1月22日 14時35分頃　❸

　　　　△△社　梅沢 様より　❹

□ お電話がありました
□ またお電話します（　　　時頃に）
□ 折り返しお電話をください
　（TEL　　　-　　　-　　　）
☑ 次の用件を伝えてください

△△社の梅沢様よりお電話がありました。
25日の会議に使用する商品企画のプレゼンテーション資料を△△社の川村部長にもメールに添付して、本日17時までに送ってくださいとのことでした。
川村部長のメールアドレスは、abcd@efgh.com、直通のお電話番号は 12-3456-7890 です。
大変にお急ぎのご様子でした。❺

　　　　　　　　　　　　　　　　　　山村 ㊤　❻

- ❶ 急ぎの用件かどうかを一目でわかるように
- ❷ 名指し人の名前
- ❸ 電話を受けた日時。かかってきた時間がわかれば、折り返し連絡する際に「お電話が遅くなりまして申し訳ございませんでした」など、相手への対応の仕方が変わります
- ❹ 相手の名前は必ず確認すること
- ❺ 相手の雰囲気を書き添えておくと、名指し人が折り返し連絡する際に役立ちます
- ❻ 応対した人の名前

フレーズ例 伝言メモでよく使う文例

□ 「戻りましたら折り返しお電話するように伝える旨をご案内しましたが、「これから外出するので結構です。またこちらから電話します」と言われました」

➡ 相手が不在になることがわかっている場合は、その内容を名指し人に伝えましょう。「また電話します、とのこと」とだけ伝えると、相手が気を遣ってそのように言ってきたのかと受け取り、名指し人が相手に折り返しの電話をしてしまう場合もあります。相手へは不在メモが残り、「さっき外出するって言ったのに……」と、不信感を持たれてしまうかもしれません。

□ 「来月の現地調査の件ですが、先程メールで資料などをお送りしましたので、内容をご確認いただいてから折り返しお電話をいただけますか、とのことでした」

➡ 相手はメールの内容について話をしたいということなので、名指し人が折り返しの電話をする時は、メールの内容を知っていないと話になりません。相手が何の用件で電話をしてきたのかを、名指し人がイメージできるように伝えることが大切です。

ワンランク上の電話対応 伝言メモの渡し方

伝言を聞きながら走り書きしたメモは、そのまま渡すと読めないかもしれません。**読みやすい字で清書し、重要な部分に下線を引く**などの工夫もしておきます。

メモは名指し人の机に置きますが、飛ばされたり書類に紛れたりしないよう、**見えやすい位置にテープでとめておきましょう**。ただし、名指し人が戻ったら、電話があったことを直接口頭で伝えるのがマナーです。

内容によっては他の人の目に触れないように、用件を書いた部分を折りたたんでおくなどの配慮も必要です。

❶ わかりやすいように工夫を

宮崎部長より、
今日の打ち合わせを
14時に変更お願いしたい
とのことです。

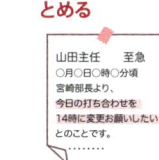

❷ テープでしっかりとめる

山田主任　至急
○月○日○時○分頃
宮崎部長より、
今日の打ち合わせを
14時に変更お願いしたい
とのことです。

❸ 口頭で伝える

先程山崎部長よりお電話がありましたよ

英語ならどう言う？ May I have your phone number?（お電話番号を教えていただけますか？）

電話を受ける

Key Phrase：念のため、お電話番号を伺ってもよろしいでしょうか？

折り返し電話を頼まれたら

「戻ったら電話をかけてほしい」と頼まれた場合には、**必ず相手の連絡先を確認**します。「電話番号はご存じのはずです」と言われても、確実に連絡が取れるように「念のため……」と断って聞いておきましょう。相手の社名・名前・連絡先は聞き間違えのないように、復唱して確認しましょう。最後に自分の名前を名乗って、名指し人に伝える旨を相手に告げます。

会話例 相手の電話番号を確認する

「あいにく谷口は外出いたしておりますが、**いかがいたしましょうか？**」❶

相手「では、お戻りになりましたら、お電話をいただけますか？」

「かしこまりました。**恐れ入りますが、念のためお電話番号をお聞かせ願えますか？**」❷

相手「12-3456-7890 です」

「**12-3456-7890、○○社の岡崎様でいらっしゃいますね。**」❸

相手「今日は外出の予定はありませんので会社におります」

「本日は社内にいらっしゃるのですね。かしこまりました。**私、杉本が承りました。谷口が戻りましたら、岡崎様にお電話を差し上げるよう申し伝えます**」❹

❶ 相手の判断を仰ぎます。

❷ 頻繁にやり取りしている相手なら省略も可ですが、「念のため」と前置きをしてから番号を聞くのがベター。

❸ 連絡先は必ず復唱して確認を。相手の社名・名前を最初に聞いていても、間違いのないように再度復唱します。

❹ 相手から何か頼まれた場合は、必ず自分の名前を名乗ります。

フレーズ例 「折り返し電話をほしい」と言われたら

☐「念のため、お電話番号を伺ってもよろしいでしょうか？」

➡ 連絡先を尋ねる時には、この他にも**「念のため、お電話番号をお願いできますでしょうか？」「お伺いできますか？」「お教えいただけますか？」**などのフレーズを使うことができます。

☐「お電話番号は 12-3456-7890 で間違いございませんでしょうか？」

➡ 電話番号を確認する時のフレーズです。**「復唱させていただきます。お電話番号は 12-3456-7890 でよろしいでしょうか？」「○○社の岡崎様でいらっしゃいますね。お電話番号は 12-3456-7890 ですね？」**などの言い換えもできます。

☐「私、谷口と同じ営業部の杉本と申します」

➡ 「折り返し電話がほしい」「伝言をお願いしたい」など用件を頼まれた時には、最後に必ず自分の名前を告げます。この他にも**「私、杉本が確かに谷口に申し伝えます」**と言うこともできます。

✓ check 相手の連絡先を尋ねる時の注意点

● **「～でよろしかったでしょうか？」は押し付けがましく聞こえる**

「お電話番号は 12-3456-7890 でよろしかったでしょうか？」と尋ねる人がいますが、過去形にする必要はありませんし、押しつけがましく、不快な感じを与える言い回しです。**「よろしいでしょうか？」**が正しい表現です。

● **電話番号や名前を「頂戴できますか？」は間違い**

電話番号以外にも名前や住所を尋ねる時によく使われる表現が**「○○を頂戴できますか？」**。しかし、これは間違い。頂戴できるのは品物であり、名前や電話番号をもらうことはできません。

Chapter 3 電話を受ける／折り返し電話を頼まれたら

🔤 英語ならどう言う？　I'll have him(her) call you when he(she) gets back. (戻り次第、折り返しお電話をさせます)

電話を受ける　Key Phrase　恐れ入ります。お電話が遠いようなのですが……

相手の話が聞き取りにくい時は

　相手の声が小さくて聞こえない、電話が遠い、早口でまくしたてられて何を話しているのかよくわからないなど、お客様の話が聞き取りにくいこともあるでしょう。相手の言っていることを正確に理解せずに取り次ぐのは厳禁。だからといって、何度も同じことを聞き返すと、相手が不快に感じることも考えられます。相手の気分を害することなく応対するスキルが必要です。

会話例　声が小さくて相手の社名が聞こえない

🗣「おはようございます。株式会社ＡＢＣ、松崎でございます」

相手「……の藤崎と申します」

🗣❶「恐れ入りますが、もう一度社名をお伺いできますでしょうか？」

相手「ＥＦＧ株式会社の藤崎です」

🗣❷「ＥＦＧ株式会社の藤崎様でいらっしゃいますね。❸大変失礼いたしました。いつもお世話になっております」

🗣＜電波状態が悪くて聞きとれない＞
「❹何度も申し訳ございません。電話が遠いようなので、もう一度お願いできますでしょうか？」

❶ 直接的に「聞こえない」「声が小さい」と相手に告げるのは失礼です。

❷ 相手の名前が聞き取れたら、必ず復唱して確認します。

❸ 不手際があったら、必ずお詫びします。

❹ 2回聞き直す場合は必ずお詫びを。

注意
相手の声が小さい、早口、滑舌が悪いなどが原因で話が聞きづらくても、決して相手の責任にしないこと。

フレーズ例 相手に言い直してもらう

☐「恐れ入ります。少々電波状態が悪いようなのですが……」

➡ 携帯電話を使っている際のフレーズ。「電話が遠いようなのですが」と同様に、電話のせいにします。たとえ相手のせいで話が聞き取れなくても、電話の問題にするのがビジネスマナーです。

☐「何度も申し訳ございません。もう一度お願いできますでしょうか？」

➡ 相手の名前を2回以上聞き直すと、相手は不快に思うもの。「何度も尋ねて申し訳ない」との気持ちを伝える時の表現です。それでも聞き取れない場合は、聞き取れた部分から推察して、こちらから「**吉田（ヨシダ）様でしょうか、吉野（ヨシノ）様でしょうか**」と尋ねるのも一つの方法です。

☐「恐れ入りますが、もう一度おっしゃっていただけませんでしょうか？」

➡ 話の内容に不明瞭な点があった時に使います。相手の話がダラダラとわかりにくい場合には、話の途中で「**それは……ということでしょうか？**」「**とおっしゃいますと、……ということでございますね？**」と確認をします。

NG例 よく聞こえない時にこんな応対は×

・「お声が小さくてよく聞き取れないのですが」は失礼

お声が小さくて聞こえないのですが…

相手のせいにするのはマナー違反です。同様に「もう少し大きな声で話してください」も相手を責めるフレーズなので使えません。

・「誰を呼べばよろしいでしょうか？」はビジネス用語ではない

誰を呼べばよろしいですか？

名指し人の名前がよく聞き取れなかった時には、「失礼ですが、どの者でしょうか？」と応対します。「誰」は電話応対ではなるべく使わないこと。

Chapter 3 電話を受ける／相手の話が聞き取りにくい時は

🔤 英語ならどう言う？　May I have your name again, please?（もう一度お名前をお願いいたします）

| 電話を受ける | Key Phrase | お差し支えなければご用件を承りますが、よろしいでしょうか？ |

相手が急いでいる時は

相手が「できるだけ早く連絡を取りたい」と電話をかけてきた場合は、臨機応変に応対しなければなりません。判断が難しければ、最初は上司や先輩の指示を仰ぎながら、応対の仕方を身につけていきましょう。

会話例　帰宅した社員への緊急電話を受ける

相手「営業部の岡田さんはいらっしゃいますか？」

❶「申し訳ございません。あいにく岡田は帰宅いたしました。いかがいたしましょうか？」

相手「できるだけ早く連絡を取りたいのですが……」

❷「岡田と同じ部署の者ならおりますので、おつなぎいたしますが、いかがでしょうか？」

相手「うーん、ご本人でないとおわかりにならないと思います」

「かしこまりました。❸それではできるだけ早く折り返しご連絡を差し上げるようにいたしますので、念のためお電話番号をお伺いできますでしょうか」

相手「123-4567 です」

❹「123-4567 でございますね？　かしこまりました。❺それでは岡田と至急連絡を取り、申し伝えます」

---

❶ 名指し人が帰宅したことを伝えて、相手の判断を仰ぎます。

❷ 担当者以外でも応対できる内容かどうかを確認します。

❸ 名指し人が速やかに相手と連絡を取れるように、電話番号を尋ねます。

❹ 連絡先を聞いたら、必ず復唱を。

❺ 名指し人に急いで連絡を取る旨を伝えて、安心感を与えます。

フレーズ例 緊急の用件で名指し人が不在の時

□「お差し支えなければご用件を承りますが、よろしいでしょうか？」

➡ 外出中や重要な会議の最中など、名指し人がすぐに電話に出られない時には、他の人で応対できる内容かどうかを尋ね、可能であれば代わりの人が用件を聞きます。こうした応対により、名指し人を呼び出さずに済みます。

□「よろしければ、直ちに本人に連絡いたしまして、お電話を差し上げます」

➡ 外出中の場合、会社に頻繁に連絡を入れられないことがあります。また、帰社予定時間通りに戻れない場合も考えられます。緊急の連絡が必要な時には、電話に出た人が名指し人の携帯電話に連絡して、折り返し電話を入れてもらうようにしましょう。

□「本人から直接連絡を入れさせるようにいたしますので、ご連絡先を教えていただけますでしょうか？」

➡ 相手が担当者の携帯電話番号を知っている時は、名指し人に直接連絡を取ってもらっても構いません。しかし、相手から携帯電話番号を聞かれたら、基本的には無断で教えず、上記のように応対しましょう。

ワンランク上の電話対応　名指し人が会議中だったら

　名指し人が会議中、接客中の場合は、「**あいにく会議中でございますが、いかがいたしましょうか？**」と告げて、すぐには取り次がないのが一般的な応対です。しかし、緊急の電話や重要な取引先からの電話であれば、取り次いだほうがいいケースもあります。その際は、名指し人にメモを持っていき、判断してもらいます。また、会議の前に「急ぎの電話は取り次ぐように」と指示されていれば、「**お急ぎでしたら、すぐに呼んでまいります（すぐにおつなぎいたします）。少々お待ちいただけますでしょうか？**」と答えます。ただし、呼ぶのに時間がかかるようなら、いったん電話を切って折り返しにしましょう。

> お急ぎでしたらすぐにおつなぎ致しますがいかがいたしますか？

---

abc 英語ならどう言う？　I'll try to contact him(her). (連絡を取ってみます)

電話を受ける | Key Phrase：代わりにご用件をお伺いするようにと、ことづかっております

代理で用件を承る時は

　名指し人が電話に出られない時に、代理で用件を処理することができる場合は、その旨を相手に伝えて承諾を得ます。また、外出しようとする社員や会議に入る前の人に「○○さんから電話があったら、用件を聞いておいて」と頼まれることもあります。代理で用件を承る際は、**必ずメモを取って最後に復唱**。名指し人からいつまでに返事をすればいいかなども確認しましょう。

会話例　用件を聞いておくように言われた

「申し訳ございません。
❶ 下村はあいにく会議中でございます。
❷ 上田様からお電話をいただきましたら、代わりにご用件をお伺いするようにことづかっております。
❸ 私、下村と同じ部署の川上と申します。よろしくお願いいたします」

相手「それでは、株式会社A社とのプロジェクトに関するスケジュール表と見積書を、来週の月曜日までにいただきたいとお伝えください」

❹「来週月曜日、15日までに株式会社A社様に関するスケジュール表とお見積書をお渡しする、とのことでございますね？
かしこまりました。
❺ 確かに下村に申し伝えます」

❶ 名指し人が電話に出られない理由を説明。

❷ あらかじめ名指し人から電話があることを聞いていた場合は、そのことを相手に伝えます。「ことづかる」「言いつかる」などの表現がよいでしょう。

❸ 自分の名前を名乗ります。

❹ 5W2Hを確認しながら、相手の話を復唱。

❺ 確実に名指し人に伝えることを強調します。

フレーズ例　代わりに用件を処理する

□「よろしければ、私、村田が代わりにご用件を承りますが、いかがでしょうか？」

➡ 自分の名前を名乗り、代わりに用件を処理していいか相手の承諾を得ます。特に、名指し人が出張中や休暇中など、不在が長い場合には、双方の業務に支障をきたさないためにも、積極的に代理を申し出ることが必要です。

□「確かに、私、川上が承りました。お電話ありがとうございました」

➡ 相手から用件を聞いた後、再度自分の名前を名乗ります。相手に安心感を与えるだけでなく、再度の問い合わせがしやすくなります。「お電話ありがとうございました」の一言を付け加えると、より丁寧な印象になります。

□「お調べいたしますので、少々お待ちいただけますでしょうか」

➡ 自分で調べれば応対できる場合に使うフレーズです。ただし、待たされるほうは30秒程度の時間でも長く感じます。時間がかかりそうな時には、**恐れ入りますが、時間がかかりそうですので、20分後にご連絡させていただきます。お差し支えなければ、ご連絡先を教えていただけますでしょうか？**と断って、いったん電話を切りましょう。

NG例　用件を聞く時に失礼な言葉遣い

- 「私が代わりに聞いておきます」は「伝えるかどうかはわからない」の意

　私が代わりに聞いておきますけど……
　大丈夫かな…

「聞く」は敬語ではありません。また、「～しておく」の言い回しは、「とりあえず、聞くだけは聞いておきますよ」のニュアンスが含まれているので、相手に対して失礼になります。

- 「どんな用件ですか？」はプライベートのみ

　どんな用件ですか？
　どんな？

「どんな」は「どのような」、「用件」は「ご用件」に言い換えること。「～ですか？」も「～でしょうか？」に換えないと、ぞんざいな印象になってしまいます。

英語ならどう言う？ I'll look into your inquiry and call you back.（お調べして折り返しお電話いたします）

電話を受ける

Key Phrase 私ではわかりかねますので、他の詳しいものに代わります

自分では対応しきれない時は

電話に出たものの、相手の話を聞いているうちに自分では対応できそうにない用件だとわかった時には、仮に話の途中であっても**別の担当者に取り次ぐ**か、**確認してから折り返し電話をする**旨を伝えましょう。話が理解できていないのにあいまいな返答をすると、後でトラブルになりかねません。「自分では処理できない」旨をきちんと話して丁寧に応対するようにしましょう。

会話例　複雑な内容なので、上司に代わる

相手「営業部の沢木様はいらっしゃいますか」

「あいにく沢木は来客中でございます。よろしければ、私、村田がご用件を承りますが、いかがでしょうか？」

相手「先日、御社からいただいたご請求書についてなのですが」

❶「**当社からの請求書についてということですね？　どのようなことでしょうか？**」

相手「以前、御社の沢木さんと打ち合わせた金額より多いんですよ。いくつかの項目で値引きをしていただいているのですが、その値引き額がこちらで予定していたものと違っていましてね」

❷「**恐れ入りますが、私ではわかりかねますので、上司の田中と代わります。少々お待ちいただけますでしょうか？**」

❶ まず、相手の話を具体的に確認しましょう。問い合わせ内容によっては自分でも処理できることもあるので、相手が何を聞きたいのかを聞き出しましょう。

❷ 自分では処理できないと判断したら、速やかに上司や担当者に取り次ぐこと。その際「少々お待ちください」だけではなく、誰に代わるのかを伝えておくと、相手に「たらい回しにされている」と不快感を与えずに済みます。

フレーズ例 自分では答えられない問い合わせ電話

□「お話の途中申し訳ございません。その件に関しましては他に詳しい者がおりますので、少々お待ちいただけますでしょうか？」

➡ 自分に理解できない内容、判断できないことであれば、話の途中でも他の人に代わってもらうこと。相手の話を遮ることは本来失礼になりますが、担当者に対して同じことを言わせる二度手間のほうがもっと失礼です。取り次ぐ際に、担当者にそれまでの話の内容をできるだけ詳しく伝えることも大切です。

□「恐れ入ります。その件に関しましては確認いたしますので、少々お時間を頂戴したいのですが、折り返しお電話を差し上げてもよろしいでしょうか？」

➡ 担当者が誰かわからない場合や、回答を出すまでに時間がかかるケースでは、上記のように伝えていったん電話を切ります。相手が「このまま放っておかれるのでは」と不安にならないように、「○分後にかけなおします」と時間の目安を提示するといいでしょう。

□「申し訳ございません。ただいま営業部の者は全員会議で席を外しております」

➡ 他部署あての電話を受けた時の表現です。自分がその部署の所属ではないことを告げ、相手の用件を伺い、自分で対応可能かどうかを判断します。

NG例 「わかりません」では会社全体のイメージダウンに

・「その件はわからないのですが」と正直過ぎるのは×

「わからない」と言うと、「社員教育ができていない会社」「サービスがいいかげん」など思われてしまいます。**「わかりかねます」**と速やかに他の人に取り次ぎを。

・「たぶん、～だと思うのですが」はトラブルのもと

何とか自分で解決しようとして、その場かぎりのいい加減な応対をすると、クレームに発展することも。ビジネスではあいまいな受け答えは御法度です。

英語ならどう言う？ I'm transferring your call to the sales department.（営業部に電話を回します）

電話を受ける

Key Phrase　お電話ありがとうございました

電話を切る時のマナー

　どんなに丁寧な応対をしても、電話を切る時に相手の印象を悪くしてしまっては元も子もありません。必ずお礼や挨拶を述べましょう。電話はかけた側が先に切るのが一般的だと言われていますが、ビジネスの場では相手が目上の人、得意先の人の場合もあるので、**相手が電話を切った音を確かめてから切るように心がける**と間違いがありません。受話器を置く前に指でそっとフックを押さえると静かに切れます。

会話例　お客様からの問い合わせ電話で

「当店は水曜日が定休日で、営業時間は午前9時から午後5時までとなっております」

相手「わかりました。明日の午前中にさっそくそちらのお店に伺います」

「ありがとうございます。
❶ **他に何かご不明な点はございませんでしょうか？**」

相手「ええ、大丈夫です」

❷ **「本日はお問い合わせありがとうございました。**
❸ **ご来店をお待ち申し上げております。**
❹ **失礼いたします」**

❶ 他に不明点がないかどうかを相手に尋ねると丁寧です。

❷ お問い合わせをいただいたお礼を述べます。

❸ 次へつなげる声かけを。

❹ 電話を切る時の締めの挨拶。

注意
最後の挨拶は電話内容によって変えましょう。また、最後のフレーズの前に「お電話ありがとうございました」と一言加えると、より丁寧な印象になります。

フレーズ例　最後の挨拶の言葉　～状況別～

▼お礼の言葉
- □「お問い合わせありがとうございました」
- □「ご注文ありがとうございました」
- □「お電話ありがとうございました」
- □「本日は貴重なご意見、誠にありがとうございました」

※クレームや意見を言われた時の最後の挨拶です。

▼お詫びの言葉
- □「本日は○○が不在で申し訳ございませんでした」
- □「お待たせして申し訳ございませんでした」
- □「ご希望の商品をご用意できず申し訳ございませんでした」
- □「ご迷惑をおかけいたしまして申し訳ございませんでした」
- □「ご不快なお気持ちにさせてしまい申し訳ございませんでした」
- □「ご期待に添えず申し訳ございませんでした」

▼次につなげる言葉
- □「今後ともよろしくお願いいたします」
- □「お申し込みをお待ちいたしております」
- □「ご来社をお待ちいたしております」
- □「また何かございましたら、よろしくお願いいたします」
- □「何かご不明な点がございましたら、いつでもお電話ください」

▼電話を切る時
- □「失礼いたします」／「ごめんくださいませ」

NG例　最後まで気持ちが込もっていない

- **「では、そういうことで……」では意味不明**

  何が「そういうこと」なのかまったくわからない締めの言葉です。こうしたあいまいなフレーズで会話を終わらせる人は多いようですが、ビジネスでは礼儀を欠く応対です。

- **「本当にすみませんでした」は誠意が感じられない**

  ビジネス上の言葉遣いで「すみません」は不適切。**「申し訳ございませんでした」**を使いましょう。また、何に対して謝罪しているのか明確にしないと、とりあえず謝っているだけだとの印象を持たれてしまいます。

ⓐⓑⓒ 英語ならどう言う？　Thank you. Good-bye.（失礼いたします）

Chapter 3　電話を受ける　電話を切る時のマナー

こんな時はどうする？ 困った電話への対処のコツとポイント

トラブル１　間違い電話がかかってきた

- 「ＡＢＣ商事でございます」
- 相手「そちらは、ＤＦＧ工業さんではありませんか？」
- **「私どもはＡＢＣ商事でございますが、何番におかけでしょうか？」**
- 相手「12-3456-7890 です」
- 「この番号は 12-3456-7899 でございます」
- 相手「申し訳ありません。かけ間違えました」
- 「どういたしまして。失礼いたします」

> **NG例**
> 「違います」と切るのはNGです。

ポイント　間違い電話だからと無愛想な態度をとってはいけません。お客様と変わらぬ丁寧な応対をして、「感じが良い会社」だと思ってもらえるようにしましょう。相手が番号を押し間違えているのか、そもそも番号が間違っているのか、それを確認して、間違い電話であることを伝えてあげるのが親切です。

トラブル２　名指し人が遅刻している

- 相手「営業部の村岡さんはいらっしゃいますか？」
- **「申し訳ございません。村岡は本日立ち寄りで、10時半頃出社する予定でございます」**
- 相手「そうですか。では、出社なさったら折り返しお電話をいただけますか？」

> **NG例**
> 「実はまだ来ていません」と切るのはNGです。

ポイント 正直に「遅刻だ」と伝える必要はありません。出社前に得意先に訪問していることにすればいいのです。わずかな遅れなら「席を外しており、あと10分くらいで戻る予定です」と告げてもいいでしょう。この場合の帰社予定時間は、少し余裕を持たせるといいでしょう。

トラブル3　電話中に他の電話が鳴り出した

🗣️「お話の途中で申し訳ございません。他に電話が入ってしまいました。**あいにく、今は私1人しかいないものですから、恐れ入りますが少々お待ちいただいてもよろしいでしょうか？**」

相手「わかりました」

NG例
「誰もいないので、他の電話に出たいのですが」と言うのはNGです。

▼もう一方の電話に出る

🗣️「大変お待たせいたしました。ＡＢＣ商事でございます」

相手「ＤＦＧ株式会社の大橋です。お世話になっております。今、お電話よろしいでしょうか？」

🗣️「申し訳ございません。今電話中ですので、終わり次第折り返しこちらからご連絡を差し上げてもよろしいでしょうか？」

相手「承知いたしました」

▼最初の電話に出る

🗣️「お待たせして大変申し訳ございません」

ポイント お昼休みや残業中などで、オフィスに自分一人しかいない、残っている人数が少なくて電話に出られる人がいない、などの場合に電話がかかってきたケースです。「自分一人しかいない」と状況を相手にわかってもらうのは構いませんが、こちらの都合で相手を待たせるのですから、**低姿勢でお願いしなければなりません。**

ａｂｃ 英語ならどう言う？　Thank you for calling.（お電話ありがとうございました）

お得意様に対応した「お客様ノート」

　取引が頻繁にある得意先やお客様でも、聞き慣れない社名や名前はわかりづらく、何度も聞き返してしまうことがあります。また、得意先やお客様の中には「名前を言えば自分が誰なのかわかるはず」と考えている人もいます。そんな時にスムーズに応対するために、自分なりの「お客様ノート」をつくっておくと便利です。

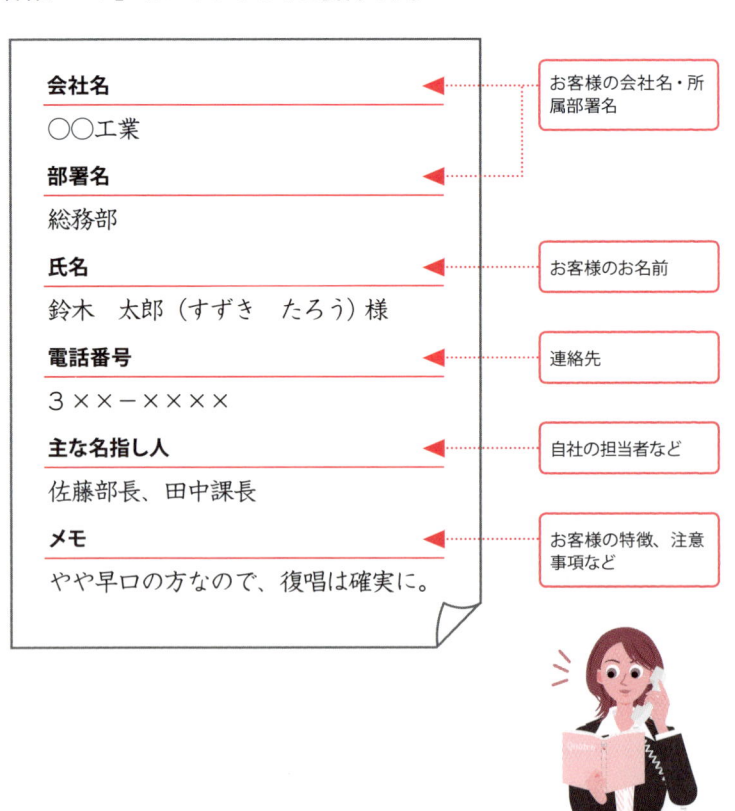

会社名	○○工業	お客様の会社名・所属部署名
部署名	総務部	
氏名	鈴木　太郎（すずき　たろう）様	お客様のお名前
電話番号	3××-××××	連絡先
主な名指し人	佐藤部長、田中課長	自社の担当者など
メモ	やや早口の方なので、復唱は確実に。	お客様の特徴、注意事項など

Chapter **4**

電話をかける

電話をかける 話す用件をまとめて、資料を手元に準備しよう

電話をかける前の準備

電話をかけると、受けた相手は仕事を中断しなければなりません。短時間に手際よく会話を終わらせるように心がけることが必要です。そのためには、電話をかける前の準備は怠りなく。会話を進めていくうちに、**相手からの質問に答えられずあたふたしてしまうことも考えられますから、必要な資料を手元に準備しておくことも大切です。**

電話をかける前の3つの準備

❶ 先方の部署名、担当者名などの情報は事前に確認する

先方の電話番号、会社名、所属部署名、担当者名を事前に確認しておきましょう。同じ名字の人が部署内に複数いることも考えられますから、役職名やフルネーム、名前の読み方、担当業務などもできる限りきちんと把握しておきましょう。

❷ 用件を整理し、メモをしておく

話す内容をあらかじめ頭に入れておいてから電話をすることが大切です。話のポイントや相手への質問事項を箇条書きにしておくと、言い忘れを防ぐことができます。

また、想定される質問とそれに対する回答も準備しておきます。

・話の概要
・相手への質問事項
・想定される質問とそれに対する回答

話の内容はあらかじめ頭に入れておく

❸ 必要な書類や資料を手元に用意しておく

電話をかけてから資料を探したりすることがないように、用件に関する資料は手元に揃えておきます。

電話をかける時の4つの注意事項

❶ 相手の都合を考えて電話をする

朝は避ける

朝礼や業務連絡などで忙しい会社も多いですから、急用や重要な用件以外は始業時間直後に電話をするのは避けるべきです。

どうしても朝一番でかけなければならない時には、「朝早くから申し訳ございません」などの言葉を添えましょう。

> 朝早くから申し訳ございません

昼休みや終業時間前後、就業時間外は避ける

ランチタイムや帰宅間際、残業している時は、誰しもあまり電話を受けたくないものです。もちろん急用なら仕方がありませんが、必ず「お昼時に申し訳ございません」などの一言を。

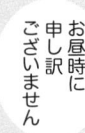

> お昼時に申し訳ございません

月末は避ける

相手の職種にもよりますが、経理担当者など月末が忙しい人もいます。相手の都合の良い日にちや時間帯、都合の悪い時を考慮して電話をしましょう。

❷ "相手に時間を割いてもらっている"ことを忘れずに

相手が何をしているか、こちらからは見ることができません。限られた時間を割いて電話応対してくれているのだということを忘れてはいけません。

❸ 話は簡潔明瞭に進める

通話時間が長くなるとコスト（電話料金）がかさみます。時間やコストなどを考え、効率的に用件が伝えられるように工夫しましょう。話を簡潔明瞭に進めるためには、話の内容をまとめておく、用件を箇条書きにするなど準備しておくと効果的です。

> 3分以内で終わった！
> なるほどよくわかりましたどうもありがとうございました
> どうぞよろしくお願いします失礼致します

ワンポイント　「この時間はお席にいらっしゃることが多いのですか？」など、電話をかけやすい時間帯をそれとなく聞き出すといいでしょう。

電話を **Key** ○○様をお願いできますでしょうか？
かける **Phrase**

第一声 ～目当ての人に取り次いでもらう

　電話を受ける時と同様、電話をかける時もまず第一声を意識してください。相手が出たら、こちらの会社名と名前を**少し大きめの声でゆっくりとわかりやすく**告げます。明るくハキハキとした聞き取りやすい声で名乗りましょう。第一声をきちんと出すことができれば、緊張がほぐれて次の段階にスムーズに移ることができます。**名乗った後には、忘れずに挨拶を**しましょう。

会話例　営業部の担当者に取り次いでもらう

相手「ＡＢＣ株式会社、佐藤でございます」

「おはようございます。
❶**ＤＥＦコーポレーションの沢田と申します。**
❷**いつもお世話になっております**」

相手「ＤＥＦコーポレーションの沢田様ですね。こちらこそ、いつもお世話になっております」

❸「**恐れ入りますが、営業部の大木様はいらっしゃいますでしょうか？**」

相手「営業部の大木でございますね。ただいまおつなぎいたしますので、少々お待ちいただけますでしょうか？」

「はい、お願いします」

❶ 相手がメモを取っていることを考慮に入れて、ゆっくり、はっきりとした発音で名乗ります。

❷ 名乗った後は、必ず挨拶を。

❸ 話したい相手を名指しして、取り次ぎをお願いします。相手の状況を配慮し、丁重に依頼しましょう。

注意
電話をかける時は、早口になりがちですが、相手が聞き取りやすい速さで。また、小さな声でぼそぼそと話すと聞き取りにくく、相手が不信感・不快感を抱きます。

フレーズ例　電話を取り次いでもらう

□「営業部の大木様をお願いできますでしょうか？」

➡ 「大木様をお願いします」でも間違いではありませんが、社外の人に対しては丁寧さを欠いています。「取り次ぐのが当然」との高圧的な態度と受け取られてしまうこともあるので、謙虚な言い方を心がけましょう。

□「広報ご担当者の方をお願いできますでしょうか？」

➡ 相手の氏名を伝えず、担当業務によって呼び出してもらう時のフレーズです。「○○**の件でお伺いしたいことがあるのですが……**」と告げてから呼び出してもらうと、より的確な人に取り次いでもらえます。

□「夜分遅くに申し訳ございません。営業部の大木様はいらっしゃいますか？」

➡ 急用で夜遅くに電話した場合、朝一番なら「**朝早くに〜**」、ランチタイムなら「**お昼休みに〜**」など、状況に合わせたフレーズに変えて用います。

□「どなたかおわかりになる方をお願いできますでしょうか」

➡ 先方の担当者名がわからない場合には、用件を先に話した上で、しかるべき相手を呼び出してもらいましょう。

NG例　取り次いでもらう時は、あくまで丁重に

・「大木様はおられますか」は敬語ではない

（イラスト：「大木様はおられますか？」「はい、おります」）

「おります」は謙譲語なので、「〜られる」をつけても尊敬語にはなりません。「いらっしゃいますか？」などのフレーズを。

・「大木様はいますでしょうか？」は、もう少し丁寧に

（イラスト：「大木様はいますでしょうか？」「大木様はいらっしゃいますでしょうか？」）

他社の人に対して使うにはあまり丁寧な表現とは言えません。最初に取ってくれた相手のことも配慮し、あくまで丁重にお願いしましょう。

abc 英語ならどう言う？　May I speak to Mr.Ohki（大木様をお願いできますでしょうか？）

電話を **Key Phrase** ○○の件でご報告したいことが2点ございます
かける

用件の伝え方とポイント

　名指し人が出たら、相手を確認してから再度「いつもお世話になっております」などの挨拶をします。さらに、**相手が今電話できる状態かどうかを確認して**、用件に入ります。前述したように、相手に時間を割いてもらっていること、コストがかかっていることを意識して、簡潔に正確に用件を伝える工夫をすることが重要です。

会話例　会議の日程を伝える

相手「はい、大木でございます」

❶「**大木様でいらっしゃいますね**。ＤＥＦコーポレーションの沢田でございます。先日はありがとうございました」

相手「こちらこそ、ありがとうございました」

❷「**今、お電話よろしいでしょうか？**」

相手「ええ、大丈夫ですよ」

❸「**商品Ａの宣伝戦略会議の日程なのですが、❹○月○日○曜日、午後３時から弊社にて行いたいと思います**。ご都合はいかがでしょうか？」

❶ 名指し人が電話に出たら、念のため相手を確認します。

❷ 相手の都合を確認します。

❸ 結論や用件・問い合わせの概要を最初に述べると、相手は話の全体像をとらえやすくなります。

❹ 用件は５Ｗ２Ｈで整理して伝えると、相手に的確に伝わります。

注意
相手が聞き間違えやすい数字や言葉は、言い方に工夫を。

▼挨拶のフレーズ例
「いつもお世話になっております」
「ご無沙汰しております」
「先日はありがとうございました」
「お忙しいところお呼び立てして申し訳ございません」

フレーズ例　用件を切り出す

□「早速ですが、○○の件で確認させていただけますか」

➡ 用件の内容を最初に伝えて、相手に話の全体像をつかんでもらいます。同様のフレーズに「**○○の件でお聞きしたいことがあり、お電話いたしました**」「**会議の概要が決まりましたので、ご連絡いたしました**」などがあります。

□「昨日の会議でご報告したいことが2点ございます。1点目は……2点目は……」

➡ 用件の件数を相手に告げることによって、こちらの話を把握しやすくなり、おおよその所要時間の目安にもなります。伝えるポイントは3つまでに抑えましょう。

□「昨日の会議についてご報告したいのですが、5分ほどお時間をいただいてよろしいでしょうか？」

➡ だいたいの所要時間を伝えると相手に安心感を与えます。長くなりそうな場合は、「**込み入った話なので、10分ほどかかると思いますが**」と断って話に入り、最後に「**長くなりまして大変失礼いたしました**」とお詫びしましょう。

□「昨日お問い合わせいただいた件でご連絡を差し上げました」

➡ お客様へ折り返し電話をする際にはこのフレーズで切り出します。何の用件で電話をしたのかを最初に伝えることで、お客様の不信感を和らげます。

□「詳しいことはメールでご連絡いたしますが、要点だけお伝えいたします」

➡ 電話で長々と話をするのは、相手の時間を奪うことになるので避けたいところです。「詳細はメールで」と最初に断り、話の要点や緊急のことは電話で伝えることによって、効率よく連絡でき、言い忘れや聞き間違えも減らすことができます。

ワンランク上の電話応対　複雑な用件の時には

　話のポイントがたくさんあったり、細かな用件が多い時には、電話では急用や大まかなことだけを伝え、細かな点や聞き間違えては困ることなどはメールやFAXを使うといいでしょう。

ワンポイント　こちらから依頼した件を変更、キャンセルする場合には「こちらからお願いしておきながら恐縮ですが……」の表現を。

電話を**かける**

Key Phrase ○○の件でお目にかかりたいのですが、ご都合はいかがでしょうか？

スムーズなアポイントの取り方

　アポイントを取る際は、**先方の都合が優先**です。どうしても都合に合わせられない時は、こちらから代替の日程を述べることもできますが、いずれにしても時間を割いてもらうことへの感謝の気持ちを表現することが大切です。

会話例　商品企画の打ち合わせのアポイントを取る

「実は、新商品を来年発売する予定なのですが、ぜひ御社に商品企画をお願いしたいと考えております」

相手「ありがとうございます」

「そこで、❶**新商品の方向性や具体的な発売スケジュール**などをご説明にお伺いしたいのですが、❷**1時間ほどお時間をいただくことはできますでしょうか？**」

相手「はい。来週なら時間が取れます」

「❸**できるだけ早くお時間をいただけたらと考えておりますが、ご都合はいかがでしょうか？**」

相手「水曜の午後1時はいかがでしょうか？」

「❹**来週4日の水曜日、午後1時でございますね。**かしこまりました。❺**お手間を取らせてしまい申し訳ございませんが、よろしくお願いいたします**」

❶ 何の件で訪問したいのか、目的をはっきり伝えます。

❷ 面会日時の相談の前に、所要時間の目安も伝えると、相手が日時を決めやすくなります。

❸ 相手のスケジュールを優先してアポイントを取ることが大切です。

❹ 日程が決まったら、必ず復唱を。その際、聞き間違えがないように日にちと曜日、時間を合わせて確認します。

❺ 時間を割いてもらったことへの感謝やお詫びを伝えます。

フレーズ例　先方へ訪問する日時を決める

- 「お忙しいところ恐縮ですが、○○の件でご都合のよろしい時にお目にかかりたいのですが、いかがでしょうか？」
- 「○○の件でお目にかかりたいのですが、ご都合はいかがでしょうか？」
- 「○○の件でご都合のよろしい時にご説明にお伺いしたいのですが、お時間をいただけますでしょうか？」

➡ 最初に用件を伝えて、会ってもらえるかどうかを尋ねます。相手の都合を優先するのが原則なので、その姿勢を見せるフレーズを使いましょう。

- 「誠に申し訳ございません。あいにくその日は先約が入っておりますので、他の日ではいかがでしょうか？」

➡ 相手の都合に合わせられない時には、他の日にしてもらえるかどうかを確認します。先約を優先するのがビジネスマナーですから、内容を詳しく言わなくても相手は理解してくれます。

- 「お忙しい中お時間をいただきありがとうございます」
- 「ありがとうございます。○月○日○時にお伺いさせていただきます」

➡ 相手が時間を取ってくれたことに対してお礼を述べます。また、最後にもう一度、日時を復唱して確認すると、お互いにミスが少なくなります。

ワンランク上の電話応対　日程を決めるポイント

　いくら発注先であったとしても目上の方に対しては「お時間をいただきたい」などの表現を使いましょう。相手の日程に合わせるのが基本ですが、どうしても相手に合わせられない時だけ、こちらから代替日程を何日かあげて、先方に選んでもらうようにしましょう。

　また、訪問する人数が複数の場合は、事前に候補日をいくつか設定して先方に選んでもらってもいいでしょう。また、初めての訪問先には、自分の連絡先を伝えておきます。

ⓐⓑⓒ 英語ならどう言う？　When will you be available?（いつならご都合がよろしいでしょうか？）

Chapter 4　電話をかける　スムーズなアポイントの取り方

電話をかける

Key Phrase > それでは、○時頃にもう一度お電話いたします

相手が不在の時は

　名指し人が不在の場合、用件の内容によって応対が異なりますが、基本的には、**①こちらからかけなおす②折り返し相手にかけてもらう③伝言を頼む**の3つの方法があります。相手が戻る時間を確認して、どうすればいいかを瞬時に判断しましょう。場合によっては電話があったことだけを伝えてもらう、FAXやメールを送るということもあります。

会話例　相手が不在だった

相手「申し訳ございません。あいにく村田は会議中でございます」

❶「恐れ入りますが、何時頃お戻りになりますか？」

＜こちらからかけなおす時＞

相手「夕方5時には終わると思います」

❷「それでは、その頃こちらから改めてご連絡を差し上げます」

＜折り返し電話をもらいたい時＞

相手「はっきりした時間はわかりかねますが、早くても夜7時頃まではかかると思います」

❸「それでは、こちらの用件で誠に恐縮ですが、お戻りになりましたらお電話くださるようお伝えいただけますか？　❹念のためこちらの電話番号を申し上げます」

❶ 相手が戻る時間を把握していれば、むやみにかけ直す手間が省けます。

❷ こちらの用件で電話している場合は、かけなおすのがマナーです。

❸ こちらの用件にも関わらず、やむを得ず相手からかけなおしてもらう場合には、「自分の用件であるのに申し訳ない」ことを伝えて、丁寧に折り返しの電話をお願いします。

❹ 相手から連絡をもらうようにお願いしたら、自分の連絡先も伝えておきましょう。

フレーズ例 自分の用件でかけた相手が不在だった

☐「それでは、5時頃にもう一度お電話いたします」

➡ 相手の都合の良い時間がわからなければ、「**何時頃お電話を差し上げたらよろしいでしょうか?**」と尋ねましょう。

☐「お差し支えなければ、何時頃終わられるご予定か教えていただけますか?」

➡ 相手が会議中、打ち合わせ中、接客中などの場合に時間を尋ねるフレーズです。だいたいの予定を聞いておけば、次の電話がかけやすくなります。

☐「こちらの用事で大変に申し訳ございませんが、お手すきになりましたらご連絡くださるようお伝えいただけますでしょうか?」

➡ 相手の戻る時間がわからない、急用などの時には、自分の用件でも相手に折り返しの電話を依頼します。

☐「電話があったことだけお伝えいただけますでしょうか」

➡ ちょっとした挨拶の電話や、あまり緊急ではない時などに使います。改めて自分のほうから電話するといいでしょう。

☐「3時頃は私も外出しておりますので、5時頃に改めてこちらからお電話いたします」

➡ 相手が戻る頃に自分が不在にしている時などに用います。相手の都合の良い時間がわかっていれば、改めて電話する旨を伝えておきます。

✓ check　かけなおしを依頼する時の注意点

こちらから依頼する内容の場合
➡ 基本的にこちらからかけなおします。

急ぎの用件の場合
➡「こちらからもかけ直しますが、急ぎの用件なので、お戻りになられましたらご連絡いただけますでしょうか」と一言付け加えるといいでしょう。ただし、低姿勢でお願いするのが原則です。

ⓐⓑⓒ 英語ならどう言う? Please tell him(her) that I will call again around 5 o'clock.（5時頃またお電話いたしますとお伝えください）

Chapter 4 電話をかける　相手が不在の時は

電話を
かける

Key Phrase おことづてをお願いできますでしょうか？

伝言の頼み方

　名指し人が不在なら、伝言をお願いしてもいいでしょう。その場合、再度の問い合わせが必要になる可能性も考えて、必ず**応対した人の名前を確認**します。応対した人には、聞き間違えや伝え忘れをしないように丁寧にお願いし、要点を手短に伝えることが重要です。

会話例　会議日程の変更を伝言してもらう

🗣「では、ご伝言をお願いしてもよろしいでしょうか？」

[相手]「かしこまりました。どうぞ」

🗣「5日の進行会議の日程が、6日午前10時からに変更になりましたので、それをお伝えいただけますでしょうか？」

[相手]「5日の進行会議が6日火曜日の午前10時からに変更、とのことですね。承知いたしました」

🗣「❶それでは、川村課長によろしくお伝えください。　❷私、ＡＢＣ物産の杉村と申します。　❸恐れ入りますが、お名前を伺ってもよろしいでしょうか？」

[相手]「失礼いたしました。私、総務部の山岡と申します」

🗣「❹山岡様ですね。　❺お手数をおかけして申し訳ございませんがよろしくお願いいたします」

❶ 取り次いだ人が確実に伝言してくれるように、相手の名前を出して確認します。

❷ 用件を伝えたら、改めて自分の名前を名乗ります。

❸ クッション言葉を用いてソフトに相手の名前を聞き出しましょう。

❹ 相手の名前を復唱すると、相手も責任を感じます。

❺ 最後に改めてお礼とお願いをします。

フレーズ例　不在の人に伝言をお願いする

☐ **「おことづてをお願いできますでしょうか？」**

☐ **「○○様にお伝えいただきたいのですが、お願いできますでしょうか？」**

➡ 相手の負担になることですから、礼儀正しくお願いするのがポイントです。

☐ **「失礼ですが、どちらさまでしょうか？」**

➡ 取り次ぎをする人が名乗らなかった時に、名前を尋ねる表現です。クッション言葉を利用して謙虚に尋ねるようにしましょう。

☐ **「恐れ入りますが、念のため日程の復唱をお願いできますでしょうか？」**

➡ 相手が伝言内容を復唱しなかった時には、確認のため復唱をお願いします。「念のために」と添えることで、「たぶん聞き間違えていないとは思いますが……」のニュアンスを表現しましょう。

NG例　相手の名前を尋ねる

・「すみませんが、お名前は？」

（すみませんが お名前は？）

ビジネスでは「すみませんが」ではなく、「恐れ入りますが」をクッション言葉として使います。また「お名前は?」と文章を中途半端に終わらせるのはマナー違反です。

・「名前を言ってもらっていいですか？」

（名前を言ってもらっていいですか？）

「名前」は「お名前」と言い換えなければなりません。「言ってもらって……」は、相手を下に見ていると受け取られかねない言葉遣いです。

ワンポイント　伝言を依頼する時は、「○○の件ですが」と最初に言って、簡単にわかりやすく伝える工夫を。

電話を かける / Key Phrase：お忙しいところ、お時間をいただきましてありがとうございました

電話を切る時のポイント

電話を受ける時だけではなく、自分がかけた時でも**締めくくりの言葉**は重要です。特に、時間を割いて電話応対してくれた相手に対する感謝の言葉は忘れてはいけません。電話はかけた側が切るのが一般的だと言われていますが、ビジネスの場では目上の人、得意先の人と話すこともあるので、こちらからかけた電話であっても、相手が切ったことを確かめてから**そっと受話器を置く**ほうがいいでしょう。

会話例　問い合わせの電話をかける

相手「はい、ナツメシステムです」

「私、ミサキ貿易の鈴木と申します。❶**在庫管理ソフトについて、お聞きしたいことがございますが、ご担当の方はいらっしゃいますか？**」

相手「在庫管理ソフトについてですね。あいにく担当は席を外しております。のちほど担当から折り返しご連絡を差し上げたいと思いますがよろしいでしょうか」

「わかりました。それではお願い致します。03-1234-5678 までご連絡いただけますでしょうか」

相手「かしこまりました。私、木村がお受けいたしました」

❷「**お手数お掛けいたしますが、どうぞよろしくお願い致します。**失礼いたします」

❶ 得意先ではない場合は、最初に出た人に目的を伝え、担当者につないでもらいます。

❷ 折り返しの電話をお願いしたことに対して、相手への配慮の言葉を付け加えます。

フレーズ例 自分からかけた時の最後の挨拶

▼お礼の言葉
- 「どうもありがとうございました」
- 「お忙しいところ、お時間をいただきまして誠にありがとうございました」

▼お詫びの言葉
- 「ご迷惑をおかけいたしまして申し訳ございませんでした」
- 「ご不快なお気持ちにさせてしまい申し訳ございませんでした」
- 「ご期待に添えず申し訳ございませんでした」

▼次につなげる言葉
- 「お手数をおかけいたしますが、どうぞよろしくお願いいたします」

※折り返しの電話を頼んだ時などに使うと、単に「よろしくお願いいたします」と言うより、ずっと印象が良くなります。

- 「今後ともよろしくお願いいたします」
- 「お申し込みをお待ちいたしております」
- 「ご来社をお待ちいたしております」
- 「またご連絡いたします」
- 「お忙しい中、お時間をいただいて恐縮ですが、よろしくお願いいたします」

※アポイントを取った時などに使います。

- 「何かご不明な点がございましたら、いつでもお電話ください」

▼電話を切る時
- 「失礼いたします」／「ごめんくださいませ」

ワンランク上の電話応対　受話器の置き方

　受話器の置き方ひとつがビジネスを左右することもあります。耳元で「ガチャン！」と乱暴に受話器を置く音を聞かされたら不快感を覚えるものです。常に「相手が電話を切った音がしてから、指で静かに電話のフックを押す」ことを心がけておくと失敗がありません。

ワンポイント　何となく発した締めの言葉や、なおざりな挨拶は相手に伝わります。電話を切るまで気を抜いてはいけません。

電話をかける
ゆっくり、はっきり話し、長くダラダラと話さないように
相手に不快感を与える話し方

　自分では誠意を持って一生懸命話しているつもりでも、なぜか相手に伝わらない。相手が不快に感じる——こんな人は少なくないようです。人には話し方の癖があります。同僚に自分の電話応対を聞いてもらい、どう感じるかをアドバイスしてもらいながら、癖を修正していきましょう。

NG例　話が長くなってしまう場合

相手「じゃあ、その新製品の特徴を教えてくれますか？」

❶「今回の製品は、5年前から開発に着手したものでして、時間をかけただけあって……、開発部も……、価格も……お求めやすいと思います」

相手「それで、その製品の特徴は？」

❷「やはり、昨今のマーケットの状況から考えて、……従来の製品とは違った……、顧客層も……という声もありまして……」

相手「結局、顧客ターゲットは、従来の製品同様に若い男性なの？」

「いえ、私の上司が、失敗するのを恐れていては何もできないという持論の持ち主なので……」

相手「だから、ターゲットは？」

---

❶ 一文が大変に長くなっています。これも、話が長くなる要因。文章を「〜です」「でした」を使って短く区切るとわかりやすくなります。

＜言い換え例＞
今回の製品は、5年前から開発に着手しました。開発部も自信を持っておすすめできる商品です。価格も手頃でお求めやすいと思います。

❷ 結論が後回しになると、話がダラダラしてしまい、聞いている方は不快に感じます。

注意
電話でのコミュニケーションは、声だけが頼りになります。対面ではさほど気にならない口癖や声のトーンが、電話だと相手の気に障ることも。

こんな話し方は相手を不快にする

😟 早口でまくし立てる

➡ 頭の回転が速い人が自然とトークも早くなってしまうケース、自分の話に自信がないため、気持ちが焦って早口になってしまうケースなど、早口の原因はいくつかあります。意識してゆっくり話すようにしてください。

😟 文章を最後まで話さない

➡ 「あいにくその日は先約があります。他の日ではいかがでしょうか?」と言うべきところを、「あいにくその日は先約がありまして……」と文章を途中でやめてしまうと、丁寧さに欠けてしまいます。相手が「では、他の日にしましょうか?」と尋ねなければならず、印象が悪くなってしまいます。

😟 あいまいな話し方をする

➡ 「だいたい」「たぶん」「一応」などの言葉は、正確さを求められるビジネス会話においてはNGです。相手が誤解する恐れがあります。

😟 専門用語を多用する

➡ 相手が理解できない専門用語を始め、学術語、外来語、略語、仲間内で使う言葉や若者言葉は使わないこと。双方が理解できる言葉で話しましょう。

😟 言い方がキツイ

➡ 「〜できません」などの否定語や「〜してください」といった命令語を使うと、相手に「ぶっきらぼう」「キツイ」と思われてしまいます。「**〜しかねます**」「**〜していただけませんか**」と言いましょう。

ワンランク上の電話応対 ✨ **説明する時は話を整理する** ✨

　話の内容や電話の相手によって、ちょうどいいバランスを考えるようにしましょう。先に結論を話してから、具体的な理由などを述べる話し方を心がけてください。
　また、一度の電話でいくつもの用件を伝えようとすると、聞いている人が混乱してしまいます。用件は1回に3つまでにすること。

ワンポイント 口を大きく開けずにもごもご話すと、相手は言っていることが聞き取れず、ストレスを感じます。

電話をかける

Key Phrase　恐れ入りますが～していただけませんでしょうか？

言いにくいことを伝えるポイント

　電話をかけるのは、良い話の時だけとは限りません。相手に問題点を指摘したり抗議しなければならないこともあります。その際に話を切り出すためのフレーズや、相手を不愉快な思いにさせないように伝えるコツがあります。言葉を慎重に選んで、会話を進めることも重要です。

会話例　納期の延期を相手にお願いする

❶「**先日ご注文いただきました商品Ａについて、折り入ってご相談したいことがあるのですが、**今、お時間はよろしいでしょうか？」

相手「ええ。どんなことですか？」

「実は、商品Ａで使用している資材に不備がございまして、生産ラインに遅れが生じております。❷**大変申し訳ございませんが、来週水曜日納品予定の分を１日延期していただくことはできませんでしょうか？**」

相手「わかりました。くれぐれもよろしくお願いいたします」

❸「**この度はご迷惑をおかけいたしまして、誠に申し訳ございません**」

---

❶ 何についての電話なのか簡潔に伝え、相手にも心の準備をしてもらいます。

❷ 言いにくいことをお願いする時は、「**恐れ入りますが**」などのクッション言葉を用いると、その後がスムーズにつながります。

❸ 電話を切る挨拶の前に、お詫びの言葉を述べます。

注意
言いにくいことを伝える場合には、事情や理由を先に説明してから結論を伝える方が相手に理解してもらいやすいことも。

フレーズ例　言いにくいことを切り出す

□「本日は、お願いの電話をさせていただきました」

➡ 頼みにくいことをお願いする時のフレーズです。その後で、必ず「**よろしいでしょうか?**」「**今、お時間をいただけますか?**」と相手の都合を尋ねます。

□「**至急お調べ（ご確認）いただけないでしょうか？**」

➡ 何か問題が生じて、相手に確認を取ったり抗議する際に使います。「いったいどうなっているんですか?」など、非難するような表現はタブーです。

□「**恐れ入りますが（大変恐縮でございますが）〜していただけませんでしょうか？**」

➡ 「〜してください」の命令形ではなく、依頼形にしてお願いします。同様のフレーズに「**誠に申し上げにくいことなのですが……**」があります。相手に来社を促す場合には、「**恐れ入りますが、弊社までご足労願えませんでしょうか**」のフレーズが使えます。

□「**あいにくですが、私の一存では決めかねますので、上司と相談してご連絡いたします**」

➡ 相手の申し出などを断る時に使うフレーズです。「上司の意向を聞かないと決められない」と告げると、相手の話を断っても角が立ちません。

□「**あいにく、私どもではお答えできず、お役に立てなくて申し訳ございません**」

➡ 誰に聞いてもわからない時、あるいは答えられない内容の時には、その旨を丁寧に伝えて謝罪します。

ワンランク上の電話応対　デメリットや問題点を伝える時には

　商品のデメリットなど、悪い情報を相手に伝えるコツは、「マイナス・プラス法」（P51）を使うことです。これは、先にデメリットを伝えてからメリットを伝える方法で、相手には後で聞いたメリットの方が強く印象に残ります。

ワンポイント　相手に絶対に引き受けてほしいことであっても、強引に頼むのではなく、お願いする立場であることを忘れずに。

電話を**かける** Key Phrase 念のため、申し添えたいことがございます

言い忘れ、言い間違いがあってかけなおす

　言い忘れや言い間違いは誰にでもあること。大切なことは、それに気づいた時にどうフォローするかです。ミスを放っておくと、後々トラブルになったりお客様の信頼を失うことにもなりかねません。すぐに電話をかけなおして、言い忘れたことを補足する、間違いを訂正する必要があります。**「何度も申し訳ございません」と度々相手を煩わせたことをお詫びする**のも忘れずに。

会話例　伝え忘れた用件があった

「○○株式会社の山下でございます。
❶ **何度もお電話いたしまして申し訳ございません。**
❷ **実は、先ほどの件で確認したいことがございます」**

相手「はい。どのようなことでしょう？」

「商品Aの見積書は、念のため同じものを2部用意していただきたいのですが」

相手「あ、そうですか。承知いたしました」

❸ **「私の言葉足らずできちんとお伝えできず、申し訳ございませんでした。**
お手数をおかけいたしますが、どうぞよろしくお願いいたします」

❶ 2度目以降の電話の場合には、「何度も申し訳ない」の気持ちを挨拶で表します。

❷ 前の電話の補足や訂正のために電話したことを伝えます。重要な取引先や目上の人に対しては「確認したいことがある」「念のために補足したいことがある」と表現した方がスマートに伝わる場合があります。

❸ 言い忘れをきちんと謝罪しましょう。

フレーズ例　前の電話の補足、訂正をする

□「私のミスで、先ほど大切なことをお伝えし忘れました。お恥ずかしい限りです」

➡ 重要事項を言い忘れた場合は、「確認」「補足」などの言葉は使わず、素直に謝罪しなければなりません。言い訳をすると、かえって相手を怒らせるだけです。重要なことを言い忘れないためには、事前に話の内容をメモしておくことがポイントです。

□「念のため、申し添えたいことがございます」

➡ 言い忘れがあったため、2度目の電話で内容を補足する際に使います。自分のミスが原因とはいえ、相手に2度手間を取らせるのですから、「正確を期するための電話」を強調します。

□「度々恐縮でございますが……」

➡ 言い忘れや言い間違いをフォローする電話をかけた時の挨拶です。何度も電話に出てもらうことへのお詫びの気持ちを込めます。相手とのタイミングが合わず、何度もかけなおした場合にも使えるフレーズです。

NG例　言い忘れ、言い間違いを相手に伝える時

・ストレート過ぎる表現は考えもの

「あ、さっき言い忘れちゃったんですが……」
「え！」
「だったら先に言ってくれよ〜」

「さっき、言い忘れちゃったんですが……」は、相手への敬意が感じられません。また、忘れたことを「大したことではない」と考えているようにも受け取られます。

・言い訳は無用

「それって言い訳…」
「いや〜○○だと思っていたんですが……」

「同じような駅名なので、勘違いしてしまいました」など、間違えたことを言い訳してはいけません。相手が求めているのは言い間違えた理由ではなく、正確な情報です。

Chapter 4 電話をかける　言い忘れ、言い間違いがあってかけなおす

ワンポイント　電話をかける前には、内容を「5W2H」で整理して、固有名詞や時間、数字などを言い間違えないようにチェック。

電話をかける

Key Phrase ご連絡が遅くなりまして、大変失礼いたしました

不在にしていて折り返しの電話をする時

不在中に電話をもらい、折り返しの電話をする場合、**まず相手を待たせてしまったことを謝罪**します。また、必ず相手の都合を確認してから用件に入りましょう。問い合わせ電話に折り返した時は、結論から話すようにします。

会話例 問い合わせ電話に答える時

「ミサキ貿易の山本と申します。
❶ **何度もお電話をいただきましたのにご連絡が遅くなり、申し訳ございませんでした。**
❷ 今朝ほどお問い合わせいただきました製品Aの件ですが、❸ 今、お時間はよろしいでしょうか？」

相手「はい、どうぞ」

❹「**故障の可能性が大きいようです。** お手数をおかけいたしまして申し訳ございませんが、一度弊社のサービスセンターに製品をお送りいただけませんでしょうか？」

＜用件が終わったら＞

「本日は ❺ **お待たせいたしまして、誠に申し訳ございませんでした。** 今後ともよろしくお願い申し上げます」

---

❶ 手間をかけたことをお詫びします。

❷ 問い合わせ電話に対する返答で電話した旨を相手に伝えます。

❸ 相手の都合を確認します。

❹ 最初に結論を伝えてから、その理由や対応策などを述べるようにしましょう。

❺ 返答までに時間がかかったことを謝罪します。

注意
折り返し電話は、できるだけ早くかけるのがマナーです。

フレーズ例　電話をもらったのに不在にしていた時

□「先ほどは席を外しておりまして、大変失礼いたしました」
□「外出しておりまして、大変お待たせいたしました」
□「お電話をいただき、申し訳ございませんでした」

➡ 用件に入る前に、まず不在をお詫びします。たとえ相手が「お手すきの時にお電話をください」と言ったとしても、席に戻ったらすぐに電話をすることが大切です。

□「何度もお電話をいただきまして、申し訳ございませんでした」

➡ 相手に何度か電話をもらった場合には、相手に手間をかけたことをお詫びしましょう。

□「ご連絡が遅くなりまして、大変に失礼いたしました」

➡ なかなか折り返し電話ができなかった時に使うフレーズです。また、問い合わせ電話への返答の際にも使えます。

NG例　不在にしていたことへのお詫びがない

・「お電話くださいとのことだったので……」はNG

（吹き出し：電話がほしいって聞いたんですが何かありましたか？）

「お電話をくださいとのことだったので、ご連絡しました」はNG。これでは「あなたが電話をくれと言うからかけた」と横柄に聞こえます。まずは、席にいなかったことを謝罪すること。

・相手を煩わせたことを認識しなければダメ

（吹き出し：昨日、電話をいただいたようなのですが……／こっちも忙しいんだけどな……）

「お電話をいただいたようなのですが……」は、やはりお詫びの言葉がありません。また、文章を最後まで言わないために、丁寧さにも欠けています。相手に手間を取らせたことを認識しましょう。

ワンポイント　相手が不在のため、こちらが何度も電話をしてしまった時には、取り次ぎの人に「度々失礼いたします」の一言を。

こんな時はどうする？

トラブル対処方法

トラブル1　　間違い電話をかけてしまったら

☐ 「かけ間違えました。大変失礼いたしました」
☐ 「番号を間違えてしまいました。大変申し訳ございませんでした」

ポイント　無言で電話をガチャンと切ったり、「あ、間違えた」とつぶやくだけで切るのは失礼です。何度もかけ間違えるようなら、手元にある電話番号が間違っている可能性があります。相手に**申し訳ありません。そちらは○○株式会社ではありませんか？」「恐れ入りますが、そちらの電話番号は 1234-5678 ではありませんか？**」と確認。間違いがわかったら、きちんとお詫びしましょう。

トラブル2　　急用ができたので約束をキャンセルしたい

☐ 「誠に申し上げにくいことですが、日を改めさせていただきたいのです」
☐ 「なにぶん、急なことで大変申し訳ございません」

ポイント　どうしても外せない急用ができて、約束の日を変更したい時は、電話で迅速に伝えましょう。こちらの一方的な事情でキャンセルするのですから、事情を説明して丁寧にお詫びしなければ、相手の信頼を失ってしまいます。「ちょっと用事ができたものですから」「キャンセルにしていいですか？」などの言い方は、ビジネスの約束を軽んじていると受け取られてしまうのでＮＧです。

Chapter 5
携帯電話・FAXのマナー

マナーを守って気持ち良く使う

携帯電話の基本的なマナー

携帯電話のルール

　携帯電話は、ビジネスに欠かせないツールになりました。緊急時にすぐに連絡を取ることができる、着信番号の表示によって誰から電話がかかってきたかすぐにわかるなど、数多くのメリットがあります。その反面、まめに着信や留守番電話を確認し、迅速かつ確実な対応をとらなければ、悪い印象を与えかねません。また、他人の電話番号やメールアドレスなどの個人情報を登録しているということを認識し、取り扱いには十分注意を払いましょう。携帯電話をかける時も受ける時も、周囲の人に迷惑をかけないよう、**マナーを守って使用**するようにしましょう。

　使用制限のない場所での通話は問題ありませんが、公の場で使う時には周囲の人が不快に感じないように配慮することが必要です。各エリアの指示に従ってください。

電源を OFF にすべき場所
- 飛行機の中（電子機器に影響を及ぼすため）
- 病院など医療機関内（医療電気機器に影響を及ぼすため）
- 電車、バスなどの乗り物の中

※いずれの交通機関も優先席付近では電源を切るように求めています。

- 劇場、映画館、美術館など

マナーモードにすべき場所
- レストランやホテルのロビーなど（人が多く、静かな場所）
- エレベーターなどの狭い場所
- 新幹線の中

携帯電話の番号は無断で教えないこと

　社外の人から自分の上司や同僚の携帯電話の番号を尋ねられたら、自分だけの判断で教えてはいけません。たとえ業務用であっても、携帯電話の番号は個人が管理するものですから、本人や上司の了解が必要です。緊急の用件の場合は、「**私から本人の携帯電話に連絡を取って、○○様に直接お電話を差し上げるようにお伝えします**」と答えるようにしましょう。

仕事の話は、できるだけ社内の固定電話を使う

　携帯電話は電波の状態に左右されやすく、通話が途中で切れやすい欠点があります。仕事の電話は、できるだけ社内の固定電話を使いましょう。外出先なら、できるだけ公衆電話を利用してください。

公衆電話がない場所でやむを得ず携帯電話を使う場合は

- 最初に一言「携帯電話で失礼いたします」と断りを。
- 電波の状態が良い場所、静かな場所、他人の通行の妨げにならない場所を選ぶ。
- 相手の携帯電話にかける時は、「今、お電話してもよろしいでしょうか？」「お話しして大丈夫でしょうか？」などと、落ち着いて話ができる状態かどうかを確認する。

フレーズ例　電波状態が悪い、周囲が騒がしい時

☐「**携帯電話からかけておりますので、お耳障りなことがありましたらお許しください**」

➡ 周囲が騒がしいと、相手の声がよく聞こえないため、聞きなおしたり声が大きくなるなど、相手に迷惑をかけることもあります。あらかじめ断りを入れておきましょう。

☐「**申し訳ございません。ただいま移動中ですので、5分後におかけなおししてもよろしいでしょうか？**」

➡ 地下など電波の状態が悪い、または相手の声が聞きとれないほど周囲が騒がしい時は、丁寧に理由を説明していったん電話を切り、落ち着いた場所に移動してからかけなおしましょう。

ワンポイント　携帯電話は固定電話よりもコストがかかります。どうしても携帯電話に連絡をもらいたい場合は、丁寧にお願いを。

携帯電話を使う際は、時と場所と内容に注意する

携帯電話で重要事項を伝えるのはＮＧ

緊急時以外は使わないこと

　携帯電話は、取り次ぎを頼まなくても直接相手と通話できる便利なツール。そのため、取引関係の人にも気安くかけてしまいがちです。しかし、周囲の雑音が入って聞き取りにくかったり、電波状態が悪いと切れてしまったりと、ビジネスの会話には向かない点があります。

　ビジネスの電話は正確さがポイントになりますから、外出先で相手の声が聞き取りにくい、といった状態での通話は、ビジネスには不向きなのです。

　たとえ相手の名刺に携帯電話の番号が入っていても、相手から「携帯にご連絡ください」と指定されない限りは、できるだけ固定電話にかけるようにしましょう。

　携帯電話を使うのは、**緊急時**と**簡単な連絡事項の伝達**のみと限ったほうが、余計なトラブルを招かなくて済むかもしれません。

これはＮＧ　携帯電話のカメラは安易に使用しない

　カメラ付き携帯電話の取り扱いにも注意が必要です。企業には重要な情報や機密事項がありますから、取引先や社外ではもちろんのこと、社内でも不用意に携帯電話のカメラを使用すると、クレームやトラブルのもとになることも考えられます。

　写真撮影する必要がある時は、あらかじめ了解を取って、携帯電話のカメラではなく、専用のカメラを使うようにしましょう。

携帯電話にかけるのは、業務時間内のみ

　ビジネスの電話を携帯電話にかけるのは、できるだけ業務時間内にしましょう。これは、会社から貸与されている携帯電話であっても個人のものであっても同じです。

　個人の携帯電話なら業務時間外でもつながりますが、夜自宅でくつろいでいる時や休日などにビジネスの電話をかければ、相手は迷惑に思うでしょう。

　残業をしていることがわかっているなら、その時間に携帯電話に連絡するのは問題ありませんが、基本的には固定電話と同じく**業務時間内にかけること**が望ましいといえます。

重要事項は携帯電話で話さない

　携帯電話での会話は、固定電話や公衆電話よりも第三者に聞かれる危険性が高いので、決して**重要事項を話してはいけません**。会社の機密情報に関わる内容はもちろん、会社名や個人名を出すことも慎みましょう。

　重要な用件を話す場合は、会社の固定電話で話す、あるいは公衆電話からかけるようにしましょう。

　どうしても携帯電話で話さなければならない時には、**場所を選んで**かけましょう。

✓check 携帯電話には不向きな内容

- 金銭に関すること
- 商談に関すること
- お客様、取引先に関すること
- 個人情報に関すること
- 機密事項が含まれる話題

ワンポイント　緊急時には携帯電話の使用はOK。ただし、つながらなかった場合のことを考えて、取り次ぎ人にも伝言を。

打ち合わせ中は、携帯電話の電源をオフにする

会議、打ち合わせ、訪問先での携帯電話のマナー

　緊急時に連絡を取りやすいのが携帯電話の特徴の一つです。ビジネスパーソンの中には、「連絡が取れないと仕事に支障が出る」と常に電源をオンにしている人もいます。しかし、それがマナー違反になることも。携帯電話の使用が制限されている場所や、会議や打ち合わせ、商談の場、訪問先でも携帯電話の使い方に注意が必要です。

電源は必ず切る

　会議や打ち合わせの場で携帯電話の着信音が鳴ると、同席者に迷惑をかけることがあります。特に、他社の人がいた場合には「あの会社の社員はマナーも知らない」と思われかねません。

　このような場で、携帯電話を使うのは、会議を中断させてしまうだけでなく、周囲の人に内容を聞かれてしまうため、他社の人が同席していると重要な情報が漏れる危険性もあります。

　会議や打ち合わせの際には、**電源をオフ**にしておきましょう。マナーモードでも振動音が意外に響くため、周囲の人は会議に集中できません。

　訪問先でも、電源を切るのが大原則です。商談の場で着信音や振動音がすると、相手から「真剣さが足りない」「こちらの用件よりも、他社とのビジネスを優先している」と判断されてしまいます。

携帯はしまっておく
携帯電話を腕時計代わりにテーブルに置いておくこともNGです。必ずバッグの中にしまってください。

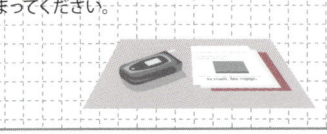

電源をオフにし忘れてしまった時には

　会議や打ち合わせ中に呼び出し音が鳴ってしまったら、速やかに電源をオフにし、会議や商談が終わった後でかけなおして丁寧にお詫びします。
　打ち合わせの相手から「どうぞ、電話に出てください」と言われた場合は、次のように対処します。

相手　「どうぞ、電話に出てください」

☺　**「申し訳ございません。失礼いたします」**

（電話に出る）

🗣　「お待たせいたしました。○○株式会社の山本でございます。いつもお世話になっております。**申し訳ございませんが、ただいま打ち合わせ中でございますので、後ほどこちらから折り返しご連絡を差し上げます**」

どうしても電話に出なければならない時は

　打ち合わせ中にどうしても受けなければならない電話が入ることがわかっている時には、あらかじめ相手にその旨を伝えておきましょう。

☺　「実は、打ち合わせの間に緊急の電話が1本入ってくることになっております。申し訳ございませんが、その時は電話に出てもよろしいでしょうか？」

（電話がかかってきたら）

🗣　「○○株式会社の山本でございます。（相手が名乗る）いつもお世話になっております。**申し訳ございませんが、場所を移動いたしますので少々お待ちいただけますでしょうか？**」

（室外に出て、先方に迷惑がかからない場所に移動する）

🗣　「大変お待たせいたしました」

ワンポイント　相手が商談中の場合もあり得ますから、携帯電話にかけた時には、必ず「今よろしいでしょうか?」の一言を。

留守番電話には要点をまとめて、簡潔に伝えよう

留守番電話にメッセージを残す時のポイント

　会社の固定電話との大きな違いの一つが、携帯電話は留守番電話にメッセージを残すケースが多いことです。「留守電になると緊張してしまい、うまく話せない」という人も多いのではないでしょうか。

　メッセージを録音できる時間は限られていますから、**要点を漏らすことなく、簡潔に**伝えましょう。早口になってしまいがちですが、落ち着いてはっきりと話すことがポイントです。特に重要な部分は、ゆっくりと丁寧に伝えましょう。

会話例　予定の変更を留守電に録音する

（留守電）
「ただいま電話に出ることができません。発信音の後にメッセージをお願いいたします」

❶「○○商事の村田でございます。いつもお世話になっております。

❷明後日5日水曜日の打ち合わせの件ですが、時間を午後3時からに変更していただけませんでしょうか？

❸お手数をおかけして申し訳ございませんが、ご都合を ❹村田の携帯 1234-5678 までご連絡ください。1234-5678 です。

どうぞよろしくお願いいたします」

❶ まず、はっきりと自分の名前を名乗ります。

❷ 待ち合わせなどの日時、場所などはゆっくりと伝えます。

❸ クッション言葉を的確に入れて、丁寧な印象を。

❹ 連絡先はゆっくりと、2回繰り返して録音しましょう。

注意
用件を話し終えないで電話が切れてしまった時には、すぐにかけなおしを。
また、無言電話はNG。着信履歴が残りますから、相手に不信感を与えます。

フレーズ例 留守電にメッセージを残す

☐ **「○○社の山田でございます。急ぎの用件ではございませんので、またこちらからご連絡いたします」**

➡ 相手に「連絡しなくては」と気を遣わせないためのメッセージです。折り返し連絡をしてもらう必要がないからと、何もメッセージを残さないで切ってしまうと、相手は「何の件だろう？」と疑問に思って連絡してくる場合も。

☐ **「大変に申し訳ございませんが、至急ご連絡をいただけますでしょうか？」**

➡ 相手がいつメッセージを聞くかはわかりません。留守電のチェックが遅れる可能性も考えて、急用なら必ず「至急」と告げるようにしましょう。固定電話に連絡をもらう場合は、何時までならそこにいるかも合わせて録音します。

☐ **「何度もお電話を差し上げて申し訳ございません。また午後5時頃ご連絡いたします」**

➡ 2度目にかけた時にも留守電になっている場合、こちらが次に電話する目安を伝えておきます。相手は留守電をチェックした時に、「電話がかかってくる」と心づもりをすることができます。

NG例 必要なことはきちんとメッセージとして残す

・**名前を名乗らないのはダメ**

「メッセージをどうぞ」ピー
また電話します

いくら着信履歴が残るとはいえ、自分の名前ぐらいは伝えるべきです。プライベートならまだしも、ビジネスの電話としては大変失礼です。携帯電話にかける時は、常に「留守電だったら何と言うか」を考えてかけましょう。

・**最低限、どういう用件かを告げる**

「メッセージをどうぞ」ピー
連絡もらえますか？

何の件で連絡がほしいのか、至急なのかそうではないのか、これだけでは見当がつきません。「**○○の件でご連絡ください**」「**お手すきの時にお電話をいただけますでしょうか？**」ぐらいは伝えるべきです。

ワンポイント あなたの留守電にもメッセージが入っているかもしれません。こまめに聞き、こちらから早めにかけなおすようにしましょう。

プライベートの電話・メールには注意する

仕事中の私用電話はNG

　いつでも、どこでも連絡がつけられる携帯電話のメリットが、デメリットに転じるケースもあります。その一つが、勤務時間中でも私用電話をかけることができる、かかってくることがある点です。勤務中の私用電話は御法度。かかってきたら、**勤務中であることをきちんと伝えて切りましょう**。プライベートの電話機を業務にも使用している人は、特に注意しましょう。

会話例　私用電話がかかってきたら

[上司]（上司と移動中）
「では、社に戻ったら企画書を作成して、関係者に配布してください」

「わかりました」

（携帯電話が鳴る）

「失礼します。❶ はい、島村です」

[相手]「山下ですけど。明日の夜、みんなで食事をすることにしたんだけど、都合はどうかと思って……」

❷**「申し訳ありません。ただいま勤務時間中なので、あとでかけなおします」**

[相手]「あ、ごめん。じゃあ、あとでね」

❶ 着信番号の表示を見てプライベートの電話だとわかっても、きちんと名乗りましょう。

❷ 勤務時間中だということを告げて、丁寧に断ります。

注意
家族や友人には、緊急時以外は勤務時間内に電話しないようにお願いしましょう。また、会社から貸与されている携帯電話では、決して私用電話をしてはいけません。

ビジネスとプライベートで気をつけたい点

▼自分の携帯電話の電源は切っておく

業務用の電話を会社から貸与されていて、自分の携帯電話にビジネスの電話がかかってくることがない場合は、個人の電話の電源は切っておくべきです。カバンかロッカーの中に入れておきましょう。

▼ビジネスとプライベートで同じ携帯電話を使っている場合

私用の携帯電話を業務でも使っている場合は、かけてきた相手を確かめて、応対を分けることが必要です。個人的な電話がかかってきたら、勤務時間であることを告げて切るか、用件を手短に済ませるようにしましょう。着信番号でビジネス上の相手だとわかれば、「はい、○○会社の△△です」ときちんと名乗るようにします。

▼着信メロディ、ストラップに気をつける

自分の好きな音楽をダウンロードして着信メロディにすることができますが、ビジネスで使う携帯電話は、それにふさわしいものに。基本的には固定電話と同じ呼び出し音にします。

また、ストラップはシンプルなものを1本だけに。何本もつけたり、アクセサリーやキャラクターをつけるのはNGです。

▼メールチェックはしない

勤務時間中は、通話だけではなく、メールチェックも厳禁。業務上必要なメールなら、手早くチェックすること。デスクの上に時計代わりに携帯電話を置いている人がいますが、周囲から「勤務時間中にメールをしているのでは？」と思われてしまうかもしれないので、注意してください。特に、訪問先でテーブルの上に携帯電話を出しているのはマナー違反です。

▼どうしても私用電話をしなければならない時は

休憩時間中に外でかけること。「お昼休みだから大丈夫だろう」とデスクからかけるのはよくありません。訪問者がそれを聞いてしまい、「公私のけじめがない会社」だと感じるかもしれないからです。

> **ワンポイント** 携帯電話であっても、着信音が3回鳴るまでに出ること。着信メロディではその判断ができません。

FAXのマナーやルールを知り、臨機応変に使おう

FAXのメリット・デメリット

　最近では、画像を送る際にメールを利用することも多くなりましたが、FAXを使う機会はまだ多いようです。便利なツールですが、使い方によっては相手に悪い印象を与えたり、トラブルの原因にもなりかねません。FAXのマナーやルールをしっかり把握しておきましょう。

FAXのメリット

●手軽に画像を送ることができる
　たとえば、手書きの地図を相手に送る場合、FAXなら、相手のFAX番号がわかっていればすぐに送信できます。

●相手に伝えた内容が文字として残る
　場所や日時などを書いた書類をそのまま送ることができるので、電話のように聞き間違えがありません。また、先方が会議中、外出中の場合でも電話と違って取り次ぎ人を煩わせることなく用件を伝えることができます。

●内容をお互いに確認できる
　相手に送った書類と同じものが手元に残るので、内容について後で確認し合うことが可能です。電話のように「言った・言わない」でトラブルになることはほとんどないでしょう。

●相手の時間を拘束しない
　電話とは異なり、相手の都合の良い時間に確認してもらうことができます。相手が外出中であっても、戻ってからゆっくり見てもらうことが可能です。

FAXのデメリット

●番号を間違えると、相手に届かない

FAX番号が正確でないと、送信ミスが起こります。相手に届かないだけではなく、他社に送られてしまうこともあります。送信ミスがもとで、第三者に情報が漏れる危険性もあるのです。

●先方の機械のトラブルで送信ミスになる

用紙切れや機械の不具合などで、送信物が届かないことがあります。

●送った原稿が読めないことがある

小さな文字や写真はつぶれてしまい、読みづらくなりがちです。また、A3など大きな用紙は、FAXの機械によっては原寸で受信できず縮小されてしまう場合があります。

●大量の書類を送ると迷惑になる

送付先の機械が長時間使用中になり、他のFAXが受信できず待たせることになります。また、先方の用紙を大量に消耗してしまいます。書類の枚数が多いと、相手が順番を間違えてしまうことも。送付物が10枚を超えるなら、郵送など別の送付方法にするといいでしょう。

●多くの人の目にふれる恐れがある

FAXで送った文書は、すぐに相手の手に渡されるとは限りません。プリントアウトされた用紙が機械のそばに放置され、結果的に多くの人の目にふれることもあり得るのです。そのために、内容が第三者に流出してしまうことが考えられます。用紙が放置されたために、どこかに紛失してしまう恐れもあります。

✓ check   FAXを送る際に注意すること

- FAX番号を確認する　●小さな字の文書は送らない
- 10枚以上の文書は送らない
- FAXは社外文書との意識を持ち、機密事項などは書かない

ワンポイント　個人宅に送る場合、電話と同じように早朝や深夜の送信はタブーです。

FAXを送る前は、必ずチェックしよう

FAX送信のポイント

　電話とは違って、FAXは一方通行のコミュニケーションツールです。そのため、簡単に使えるからといって安易に送ると相手に届かない、情報が漏れるなどの問題が起こりやすくなります。送る前の準備とチェックを疎かにしないようにしましょう。

送信する書類を確認する

❶ 送信枚数は適切か
10枚以上の書類をFAXで送ると、先方が迷惑します。枚数が多い場合は、別の送付手段をとりましょう。

❷ 書類に通し番号がついているか
複数枚送る場合には、通し番号があると相手が順番を間違えることがなく、送信枚数等の確認にもなります。

❸ 文字は読みやすいか
小さな文字は、先方に送られるとつぶれて読みにくくなりますから、大きなサイズに拡大して送ること。鉛筆書きの薄い文字は、ペンではっきりと書き直します。

❹ 写真や図表は見やすいか
カラーの原稿は、一度モノクロでコピーを取ってから送ると見やすくなります。写真モードなどで送ると、画質が良くなる場合もあります。

❺ 機密事項・重要事項や個人情報が書かれていないか
関係ない人の目にふれる恐れもあるので、重要事項の送信は避けましょう。

送信前に確認すること

❶ 送信書類の表裏
使用する機械によって読み取り面が表なのか裏なのか異なります。

❷ 先方のFAX番号
先方の番号はくれぐれも間違えないように。関係のないところに送ってしまうと、トラブルになる危険性もあります。

送信状を用意

FAXを送る際には、1枚目に送信状をつけます。送りたい相手以外の人が最初に受け取っても、誰あてに何枚送ったのか一目でわかるようにするためです。

送信状の例

宛名を明記
受信者の社名、部署名、氏名など。敬称のつけかたにも注意。

発信元を明記
発信者の社名、部署名、氏名、電話番号、FAX番号など。

送信枚数
必ず送る枚数を記入しましょう。枚数は送信状を含めたものかどうかわかるように。枚数が多いときはページ番号もふっておきます。

送信内容
簡潔に記入しましょう。

```
                              H○○年○月○日
                    FAX送信状

  株式会社ミシマ貿易
  ○○○○ 様(御中・各位)
                          <発信元>
           ××株式会社○○部○○課  ○○○○
           東京都○○区○○町○-○-○
           TEL 03-0000-0000
           FAX 03-0000-0000

  日頃は格別のご厚情を賜り、厚く御礼申し上げます。
  以下の通りFAXを送付いたします。
  ご査収の程、よろしくお願い致します。
                送信枚数/本状を含む  ○枚
  message_____
  _____
  _____
  _____
```

※至急FAXを送りたい場合は、送信状をつけなくても構いません。資料の左上の余白に宛先を、右上の余白に自分の名前を書きます。複数枚送る時は、「○枚送付」と記して、ページ番号をふりましょう。

ワンポイント 短い文章を送るなら、送信状を別途1枚送らず、本文と同じ用紙に宛名、自分の名前を書いても失礼にはなりません。

FAXを送る際は、電話でフォローしよう
FAXを送る前、送った後の連絡

FAXは一方的なコミュニケーション手段です。送る前の連絡、あるいは送った後のフォローによって、送信トラブルをなくしましょう。

会話例 FAX送信前後

＜FAXを送る前＞

「○○株式会社の太田と申します。**❶これから山下様あてにFAXを5枚ほどお送りしたいのですが、よろしいでしょうか**」

相手「はい。今でしたら大丈夫です」

❷「**では、すぐにお送りいたしますので、山下様にお渡し願えますでしょうか？**」

相手「かしこまりました」

「お手数をおかけいたしますが、どうぞよろしくお願いいたします」

＜FAXを送った後＞

❸「**先ほどFAXを5枚ほどお送りしたのですが、届いていますでしょうか？**」

相手「はい。確かにいただきました」

「**見えにくいところなどありませんか？**」❹

相手「小さい字が少し読みづらいのですが」

「申し訳ございません。では、その部分だけ拡大してすぐに送りなおします」

---

❶ 送る枚数が多い時には、送る前に連絡して今から送っても良いかどうかを確認したほうがいいでしょう。

❷ 「すぐに」「5分後に」など、送る目安を伝えます。

❸ 先方が受信したタイミングを見計らって早めに連絡を入れましょう。

❹ 送信エラーはないか、すべての書類が届いているか、読みづらいところなどないかを確かめて、必要に応じてフォローします。

フレーズ例 相手にFAXを送信する(した)ことを伝える

☐ 「これから山下様あてにFAXをお送りいたしますので、届かないようでしたら恐れ入りますがご連絡いただけますでしょうか？」

➡ FAXを送信することを知らせるのに合わせて、先方が「FAXが届きました」と連絡する手間を省くためのフレーズです。

☐ 「先ほど山下様あてにFAXを5枚ほどお送りしたのですが、恐れ入りますが、ご確認をお願いできますか？」

➡ 電話の取り次ぎ人にFAXが届いているかを確認してもらう時の表現です。

☐ 「これから山下様あてにFAXを10枚ほどお送りいたします。大量になってしまい申し訳ございませんが、よろしいでしょうか」

➡ FAXを送る枚数が10枚以上になる場合は、先方に一言伝えておくのがマナーです。また、15枚以上になる場合は郵送で送るようにしましょう。

FAXを受け取る時の確認事項

●送られた書類はきちんと揃っているか。枚数に不足はないか
●読みづらいところはないか

確認できたら、電話（急ぎでない時にはメールでもOK）で無事に届いたことを相手に連絡します。

ワンランク上の電話応対　FAXで書類をやり取りする際の注意点

　ＦＡＸで送られてきた書類は社外文書ですから、**デスクの上などに放置するのは厳禁**です。重要事項が記載されていなくても、内容によっては個人を特定できる「個人情報」などを読み取ることができるため、きちんと保管して、不要になったら**シュレッダーにかけて廃棄**をしてください。ただし、ＦＡＸの文書は正式なものとしては通用しません。重要な書類は郵送でやり取りしましょう。

ワンポイント 送られてきたFAXをすぐに受け取るために、用紙切れやトナー不足にならないように注意をしましょう。

Chapter 5 携帯電話・FAXのマナー
FAXを送る前、送った後の連絡

こんな時はどうする？

トラブル対処方法

トラブル1　携帯電話の相手の声が聞こえにくい

□「申し訳ございません。お電話が少々遠いようですが……」

□「電波の状態が悪いようなので、いったんこのお電話をお切りしてよろしいでしょうか？　すぐにこちらからかけなおします」

ポイント　携帯電話で相手の声が聞こえにくい、雑音が入るということはよくあります。ビジネスでは、相手の話を聞き間違えてトラブルになった時に「相手の声がよく聞こえなかったから」の言い訳は通用しません。遠慮せずに相手に大きな声を出してもらうように「電話が遠い」と伝えるか、電波の状態が良い場所に移ってかけなおすようにしましょう。

トラブル2　間違いFAXが届いた

□「実は御社の営業部、下山様から、△△株式会社の城山様あてのFAXがこちらに届いております。おそらく番号をお間違えになったかと存じますが、届きました書類はいかがいたしましょうか？」

ポイント　「自分に関係ないものだから」と放っておくのも一つの方法です。しかし、送った相手は、送信ミスに気づいていないかもしれません。また、何がきっかけで思わぬトラブルに巻き込まれるかわかりませんから、送り主に連絡して、失礼のないようにミスを指摘してから、どう対処すべきかを尋ねます。

Chapter 6

さらに磨きをかける
電話応対

正確・丁寧な応対で信頼を高める
理解力・質問力・回答力・提案力で信頼をつくる

信頼を与える4つのスキル

　お客様から尋ねられたことに対して、過不足なく丁寧にお答えすることは大切です。でも、言葉にはしていないけれど「もっと詳しく聞きたい」「こんな情報がほしい」と思っているお客様もいらっしゃいます。相手が「知りたい」と思っていることを的確に聞き出すスキルがあれば、一層信頼が深まります。

　次の4つのスキルを磨いて、会話をリードしていくことにより、お客様のニーズや状況を正確に聞き出し、より適切な説明や応対ができます。

❶ 理解力

お客様が話している内容を、きちんと理解することが大切です。相手が「知りたい」と思っていることを正確に把握し、求められている情報を整理してきちんと伝えましょう。

❷ 質問力

相手が求めている情報を提供するために、必要な事項を聞き出すことが必要です。たとえば「スーツがほしい」と言われたら、「通勤の時にお召しになるものですか?」などと質問することがポイントです。

❸ 回答力

相手に応じた情報提供をしましょう。あまり知識がないお客様に対してはわかりやすく具体的に、反対に専門的な説明が求められる場合には、専門のスタッフに取り次ぐなど、臨機応変に対応しましょう。

❹ 提案力

漠然としたニーズを具体的な言葉にできない人には、こちらから積極的に提案してニーズを形にしていきましょう。相手のプラスになる情報、アドバイスを自発的に提供していくことも、提案力に含まれます。

会話例 レストランの予約を受ける

理解力

お客様「来月、10人で食事会を開きたいのですが。食事は3000円のコースがいいわ」

🗣「ありがとうございます。**来月7月に10名様でお食事会を開かれる、3000円のコースをご希望とのことでございますね**」

理解力	相手が言ったことを復唱して安心感を与えます

🗣「**7月のいつ頃か**、だいたいのご予定はお決まりでしょうか？」

質問力	情報を提供するために、必要な事項を聞き出します

質問力

お客様「中旬頃にしたいのだけど、まだ、具体的な日にちは決まっていないの」

質問力	さらに情報を絞り込んでいきます

🗣「**時間は何時頃から**をご予定でしょうか？」

お客様「お昼ぐらいからやりたいと思っています」

回答力

🗣「**7月の中旬ですと、15日の日曜日、午前11時から午後3時までは、あいにくパーティの予約が入っております。前日の14日土曜日でしたら、正午からお席をご用意することができます**」

回答力	要望に沿った回答を伝えます

お客様「でも、土曜日って平日よりお料理の値段が高くなるんじゃないの？ 平日の方がランチだって安いでしょ？」

提案力	相手のプラスになる情報提供を行います

提案力

🗣「それはご安心ください。**実は、7月は私どもの店のオープン10周年記念のため、ランチコースは、土曜日、日曜日でも特別料金でご提供させていただきます**。スペシャルコースですと、料金が1000円プラスになりますが、厳選したワインとデザートをサービスさせていただきます」

お客様「あら、それはいいわね。そのコースに決めようかしら」

Chapter 6 さらに磨きをかける電話応対 理解力・質問力・回答力・提案力で信頼をつくる

ワンポイント 相手の話が長い時や複雑な場合には「ここまでのお話は〇〇〇ということですね」と途中で区切って復唱しましょう。

> Key Phrase：○○をお聞かせいただけますか？

理解力を高める ナビゲーション話法

ナビゲーション話法で相手のニーズを聞き出す

　お客様が電話をかけてくるほとんどのケースは、何か不満や不備があってそれを解決したい、あるいは自分のニーズを満たすために必要な商品、サービス、情報を手に入れたいと考えている時でしょう。しかし、お客様の中には、自分が求めているものをなかなかうまく伝えられない人もいます。このような時には、こちらから積極的に質問して、相手の潜在的なニーズを聞き出す、**ナビゲーション話法**を使いましょう。

　ナビゲーション話法で内容を聞き取る場合には、お客様が答えやすいように適切で効果的な質問をしましょう。具体的な言葉を使うことで、相手も自分の要望を明確に説明しやすくなります。

　また、お客様のニーズ、知りたい情報、解決したい問題点は人それぞれ違います。確実にお客様の要望に応えるために、質問を重ねてナビゲートしていくことが重要です。

5W2Hを基本としたメモの例

- **Who**（誰が） ▶ **依頼先**：ミサキ貿易　神田様
- **When**（いつ） ▶ **使用日時**：6月6日（日）　午後13時
- **Where**（どこで） ▶ **納品場所**：ミサキ貿易本社
- **What**（何を） ▶ **商品名**：社名入りボールペン TypeC
- **How much**（どのくらい） ▶ **個数**：1300本
- ▶ **金額**：91000円
- **Why**（なぜ） ▶ **使用用途**：イベントへの参加記念として使用
- **How**（どのように） ▶ **納品方法**：自社のトラックにて配送

> ナビゲーション話法では、**5W2H**（「誰が」「いつ」「どこで」「何が（を）」「なぜ」「どのように（方法）」「いくつ・いくら・どのくらい」）のポイントを押さえましょう。ポイントごとに質問していくと、具体的な要望を聞き出すことができます。

「ゴール」を明確にすること

相手のニーズを把握するためには、**ゴールを意識しながら**電話応対しなければなりません。ゴールとはお客様が求めているものであり、そこを目指して会話をナビゲートしていきます。

同じ商品を求めるお客様であっても、その理由や重視している条件は異なります。「どうしてもその商品でなければ嫌」と思っている人に、代わりの商品をお勧めしても受け入れられません。電話応対の最初に、必ずゴールを明確化しましょう。

会話例　返品希望の電話を受ける

お客様「先日、おたくの通販で買ったブラウスを交換したいのだけど」

「通販でお求めいただいたブラウスを交換したいということですね。**お差し支えなければ、返品の理由をお聞かせいただけますでしょうか？**」　**Why**「なぜ」

お客様「思っていたより、袖丈が長かったのよ」

「**ご購入いただいた商品番号とサイズを教えていただけますか？**」　**What**「何を」

お客様「1234-2番のMサイズです。これを、1225-2番のMサイズと交換したいの」

「袖丈が長いということですが、**どのくらいの長さでしたらお客様のご希望に沿いますでしょうか？**」　**How**「どのくらい」

お客様「あと2〜3cm短いといいわね」

「申し訳ございません。商品1225-2番のMサイズは、お客様がお求めいただいた商品と袖丈が1cmほどしか違いません。お客様のご希望に合う袖丈の商品ですと、1238-1番、あるいは1245-3番のMサイズになります。**いかがいたしましょうか？**」　**GOAL**（ゴール）

ワンポイント　質問を挟んで相手により多く話してもらうと、会話をこちらのペースにもっていきやすくなります。

Chapter 6 さらに磨きをかける電話応対　理解力を高めるナビゲーション話法

Key Phrase ▶ それは○○ということでしょうか？

質問力に磨きをかける オープン質問とクローズ質問

オープン質問とクローズ質問を交互に出していく

　質問は、質問する側とされる側、双方にメリットがあります。質問に答えることで、情報が整理され、自分でも気づいていなかった潜在的なニーズに気づくことがあるのです。

　また、**オープン質問**と**クローズ質問**を交互に出していくのも効果的です。オープン質問は相手にとっても答えにくいものなので、初めて電話をかけてきた相手には、まずクローズ質問から入るといいでしょう。

　逆に、クローズ質問ばかり使うと、一方的に詰問しているような印象を与えてしまいますので気をつけましょう。

オープン質問
- 相手に自由に答えてもらう質問の方法で、多くの情報を引き出すことが可能
- 自分から積極的に話してくれる相手に適している

「それはどのような状況で起きたのでしょうか？」
「○○について具体的に教えていただけませんか？」
「なぜ○○だとお考えですか？」

クローズ質問
- 「はい」「いいえ」あるいは「○○です」などと、短く答えられる質問
- なかなか話してくれない人、ポイントをうまく伝えられない相手に適している

「お使いになっているのは、昨年お買い求めいただいた商品ですね？」
「それは○○ということでしょうか？」

会話例　料理の予約を受ける

オープン質問

🗣❶「お料理のご予算はどのくらいでしょうか？」

お客様「1人3000〜3500円ぐらいの懐石料理にしたいのですが、そのお値段でありますか？」

🗣「小懐石でしたら、3500円でご用意させていただきます。❷**お飲み物はいかがなさいますか？**」

お客様「冷酒をお願いしたいのですが」

🗣「かしこまりました」

クローズ質問

🗣❸「**懐石料理ですと、7000円の秋の特別懐石、5000円の店主おすすめ懐石、3500円の小懐石がございます。どちらがよろしいでしょうか？**」

お客様「じゃあ、小懐石にします」

🗣「お飲み物はどうなさいますか？」

お客様❹「**そうね、考えていなかったわ。**お酒は何があるのかしら？」

🗣❺「**日本酒、ビール、焼酎、ワインがございます**」

お客様「じゃあ日本酒にしようかしら」

---

❶ オープン質問にすることで、お客様が「予算」から考えているさまざまな要望を聞き出します。

❷ ビール、日本酒など特に絞り込まず、「飲み物」というある程度広い範囲からお客様の要望を伺います。

❸ さらに商品を絞り込み、お客様が具体的に選べるように提示して質問します。

❹ 効果的な質問で、お客様も気づいていなかった潜在的なニーズを聞き出します。

❺ お客様の要望に合った情報を提供します。

ワンポイント　「Aにしますか、Bにしますか」と選択肢を選ばせる質問も効果的。相手は「自分で選んだ」という満足感を得ることができます。

Key Phrase お話を確認させていただきます

内容を復唱することで相手に安心感を与える

内容確認と同時に相手に安心感を与える

相手の言葉を復唱すると、内容を確認できるだけではなく、お客様も「自分の話をちゃんと聞いてくれている」と安心感を持つことができます。

常連のお客様が「いつもの商品をお願いします」と注文しても、「いつもご注文ありがとうございます。それでは、念のため確認させていただきます。……」と**内容を具体的にフィードバック**しましょう。

会話例 「製品が故障した」と電話を受けた

お客様「おたくのＤＶＤレコーダーを昨日買ったんだけど、録画ができなくて」

❶**「大変申し訳ございません。**
❷**状況をお聞かせいただけますか？」**

お客様「電源を入れて録画ボタンを押しても、ＤＶＤディスクが回転しないんだよ」

「録画中であることを示すランプは点灯していますか？」

お客様「ついてないね」

❸**「お話を確認させていただきます。昨日お買い求めいただいたＤＶＤレコーダーが、録画ボタンを押してもＤＶＤディスクが回転せず、録画中の表示ランプも点灯していないということですね」**

❶ 第一声は、お詫びの言葉を述べます。

❷ 次に、具体的な状況について伺います。最初はオープン質問を。

❸ ある程度状況がつかめたら、相手の話を復唱し、こちらがメモした内容と相違がないか確認します。

フレーズ例 内容を確認・復唱する

☐ 「お話を確認させていただきます」

➡ 相手からおおよその状況を聞き取ったら、伺った内容について順を追って確認していきます。「この」「その」「あの」などの「こそあど言葉」のようにあいまいな言葉は、それが何を指しているかについて、相手とこちらの認識が違っていることもあるので、具体的に確認しましょう。

☐ 「それは……ということですね」
☐ 「それはどういうことでしょうか？」
☐ 「……ということですね」

➡ 話の要点がまとまらない相手には、あいづちなどを使い、話の途中で復唱、確認をしながら、要点をまとめていきます。的外れな質問は、相手を不快にさせてしまう可能性もあるので注意が必要です。

☐ 「恐れ入りますが、○○について詳細を確認させていただいてもよろしいでしょうか」

➡ 重要な内容が聞き取りにくかった場合は、もう一度きちんとお客様に確認しましょう。また、お客様が言っていることがあいまいな場合も、詳細を伺って状況を把握します。この時、クッション言葉を付け加えるとスムーズに話が進みます。

ワンランク上の電話応対　相手の話がよく理解できない時は

　電話をかけてきたお客様は、必ずしも話上手な方とは限りません。また、お客様が困って、どうしたらいいのか助けを求めて電話をかけてくる場合がほとんどです。本人もどのように伝えたらいいかわからない場合もあります。

　そのような場合、まずはお客様の話を要所要所で復唱、確認し、伝えたいことをまとめながら、自分の知識では不十分な内容か、または相手がダラダラと回りくどく伝えているだけなのかを判断します。自分の知識では不十分な場合は、適切な部署へ転送しましょう。

ワンポイント　ゆっくり、はっきり発音しながら復唱すると、相手にとって聞きやすく、こちらもメモを取る余裕ができます。

> Key Phrase：ポイントは3点になります。1点目は……

回答力でわかりやすく伝える

相手に応じて理解しやすい言葉を選ぶ

　お客様が聞きたいことは何か、要望は何かを理解したら、次のステップはそれに対して**回答**することです。この時、常に注意しなければならないのは、「相手にわかりやすく説明しているか」という点です。お客様の問い合わせに対してどんなに適切な答えを用意しても、それが相手に理解されなければ意味がありません。

　わかりやすく伝えるためには、次の3点を意識してください。

わかりやすく伝えるための3つのポイント

❶ 何が言いたいのかをはっきりさせる
思いつくままにダラダラ話してしまうと、相手は要点がつかめません。「納品が遅れている理由は……です」「不具合の解決方法は……です」と、お客様が電話をかけた目的をきちんと把握し、話のポイントをはっきりさせます。

❷ 専門用語や外国語、カタカナ語を使い分ける
たとえばパソコンについての問い合わせがあった場合、相手がパソコンに詳しい人なら専門用語を使って説明したほうがスムーズにいきます。しかし、初心者に対して専門用語を使ったり、子どもやお年寄りに外国語やカタカナ語を多用するのは厳禁です。相手に応じて理解しやすい言葉を使うなど、説明の仕方を変えることが大切です。

❸ あいまいな言葉を使わない
「たぶん明日には納品できると思います」「今週中にはだいたい終わると思います」など、あいまいな言い方ではお客様は納得しません。相手は具体的な回答を求めている場合もあります。応対している時点で正確なことがわからないなら、「明日にははっきりしますので、またご連絡させていただきます」と答えましょう。

伝えなければならないポイントが複数ある場合

ポイントごとに50文字程度の単文でまとめると、相手が理解しやすくなります。最初に「ポイントは3点ございます」と告げてから、「1点目は……」と説明していきます。

ただし、ポイントは3点程度が限度です。あまり多いと電話では伝わりにくくなるので、詳細は後でファクシミリや郵便で送るようにします。

> 今までのカードとの違いは3つございます。**1つ目**は〜、**2つ目**は〜、**3つ目**は〜となります。

フレーズ例　回答する時の切り出し方

□「○○の件でお電話いたしました。込み入った内容なので10分程度お時間をいただきたいのですが、よろしいでしょうか？」

➡ 説明に時間がかかりそうな場合は、あらかじめ所要予定時間を相手に告げておきましょう。そうすることで、多少話が長くなっても相手がイライラしないような配慮を。

□「お問い合わせの件ですが、結論から申し上げますと……」

➡ 結論から先に述べることで、相手はその後の説明をスムーズに聞き入れることができます。はっきりと結論がわかっている時や、あまり好ましくない回答をしなければならない時にこのフレーズを使うといいでしょう。

□「故障の原因についてですが、まず、電気系統の不具合が考えられます……」

➡ 一つ一つ、順を追って説明していく際、「まず、〜です。次に、〜になります」というように、内容を区切って説明していくと、要点がわかりやすくなります。

ワンポイント　回答する時には理由も明確に。「この提案は良くないですね」だけでは、相手は「何で？」と疑問に思い納得してくれません。

積極的に質問して、お客様の要望を具体化しよう

提案力でお客様のニーズを引き出す

提案力は売り込みではない

「電話で提案をする」と聞くと、お客様への売り込みだと考える人もいるのではないでしょうか。しかし、ここで説明する提案力は、いわゆる営業電話とは異なります。なぜなら、売り込みが目的ではないからです。

お客様が電話をかけてきた目的にかなう応対をすること、すなわちニーズを満たす、問い合わせに適切に答えるといった、**問題解決能力が提案力**になります。特に、ニーズを見せないお客様、あいまいな要望しか告げないお客様に対しては、こちらから積極的に質問して要望を聞き出し、具体化することが大切です。そのために、前述したオープン質問やクローズ質問を使ってお客様のニーズに合った提案をしていきます。

会話例　レストランのコース料理について案内する

悪い応対例

- 「どのような料理をご希望ですか？」
- お客様「コース料理だと、どんな料理があるんですか？」
- 「予算や形式によっていろいろあるのですが……」
- お客様「どんな形式があるんですか？」　**NG**
- 「では、パンフレットをお送りいたしますので、そちらからお選びいただけますか？」
- お客様「今、電話で教えてもらうわけにはいかないんですか？」　**NG**
- 「パンフレットのほうがわかりやすいと思いますので……」

良い応対例

😊「お料理のご希望はおありでしょうか？」

お客様「いえ、よくわからないんですが……」

😊「**テーブル席でのコース料理と立食形式ではどちらがよろしいでしょうか？**」①

お客様「コース料理でお願いします」

😊「そうしますと、②**お一人様5000円のご予算で、前菜、パスタとピザ、肉料理、およびデザートをご用意させていただくことができます。**③**お飲み物はジュース類、アルコール類などがご用意できますが、何かご希望はおありですか？**」

お客様「イタリアワインをお願いできますか？」

😊「承知いたしました。それでは、④**復唱させていただきます。**……。
以上でよろしいですか？」

お客様「もし、料理を変更したい場合にはどうすればいいでしょうか？」

😊「当日の3日前までに、私、山田までご連絡をいただけますでしょうか？」

---

①お客様のニーズに合った提案をするために、クローズ質問でさらに絞り込んでいきます。

②こちらが提供したい内容を、お客様にイメージしやすいように具体的に説明していきます。

③飲み物については特に要求されていませんでしたが、さりげなく提案してお客様のニーズを探ります。

④最後に、内容を復唱し、確認します。

総評
漠然としたイメージだけであったり、あいまいな要望しか持たないお客様に対して、質問で絞り込んでいくとともに、それに合わせた提案を的確に行っています。

ワンランク上の電話応対　日頃から情報収集に努める

相手の要望を満たす提案をするためには、自社で扱っている商品やサービスについて正確に理解し、それをわかりやすく説明できなければなりません。また、日頃から、商品・サービスの情報はもちろんのこと、お客様からどのような問い合わせが多いかなどの情報も自主的に集めて、お客様のニーズをつかむことが必要です。このような情報は、社内で共有するといいでしょう。

ワンポイント　ニーズに対して「これしかできない」と断定的な言い方をしないこと。相手がそれ以上の要望を言えなくなってしまいます。

| Key Phrase | 工場から直接の出荷となるため、到着は明後日の午後になります |

注文の電話を受ける

　お客様からせっかく注文をいただいても、その内容を聞き間違えてしまうとトラブルになってしまいます。自社の営業形態や受注システムに合わせて必要事項を質問し、確認しましょう。また、注文していただいたことに対する感謝の気持ちは、忘れずに伝えましょう。

会話例　資材の注文を受ける

相手「サッシを発注したいのですが」

①「**ありがとうございます。**製品名と個数をお願いいたします」

相手「戸建て用アルミサッシのAタイプを50枚、Bタイプを30枚です」

②「**戸建て用アルミサッシのAタイプを50枚、Bタイプを30枚でございますね。**かしこまりました。③**どちらへ納品いたしましょうか？**」

相手「○○区の建築現場に直接納品してください。住所と電話番号は○○○です」

「（住所と電話番号を復唱する）④**工場からの出荷は明日の午前中になりますので、到着は明後日30日の正午頃になりますが、**⑤**支障はございませんでしょうか？**」

相手「大丈夫です。それでお願いします」

① まずは注文してくれたことへの感謝の気持ちを伝えます。

② 商品の内容、個数を復唱して確認。

③ 会社の営業形態、受注システム、納品方法などに従って必要事項を確認。

④ 納期を明示します。

⑤ 相手の状況に対して気配りを。もし問題があれば応対方法を提示します。

フレーズ例 注文を受ける

□「お客様は初めてのご利用でいらっしゃいますか？」

➡ 通信販売のように購入履歴などからお客様情報をたどることができる場合、以前にも利用したことがあるかどうかを最初に確認します。

□「あいにく本日の発送は終了しております。商品の到着は週明けの９日、月曜日になりますが、よろしいでしょうか？」

➡ すぐに発送できない時には、いつ発送できるのかはっきりと伝えます。言いにくいことですが、あいまいにすると後でトラブルを招くことになります。丁寧に接し、相手の理解を求めましょう。

□「恐れ入ります。商品Ａは○月○日をもって販売を終了させていただきました。せっかくご注文いただきましたのに、ご希望に添えず申し訳ございません」

➡ 注文された商品が販売中止になっていた時に、「どうしてもほしいんだけど……」と言われたら、それに近い商品を紹介する、または「要望を担当部署に伝える」と告げるなど、現状でできる手立てを提案します。

□「商品Ｂは季節限定商品のため、現在は販売を終了しております。今月からは秋限定の商品Ｃを販売しておりますが、いかがいたしましょうか？」

➡ 相手の希望に添えない時には、「できかねます」と謝って終わりにするのではなく、代替案を提示するのがベター。日頃から自社商品・サービスについて把握して、いざという時にお客様にスムーズに伝えられるようにしておきましょう。

ワンランク上の電話応対　代案を準備しておこう

こちらが提示した納期に対して、「それじゃ間に合わない」、あるいは、在庫を切らしているのに「どうしてもすぐほしい」とねばる人もいるかもしれません。このようなケースを想定して、「とにかく無理ですから」と突っぱねるのではなく、できることとできないことを明確にした上で、できるだけ相手の要望に添う代案を準備しておくことがポイントです。

失敗例　「注文したいのですが」と言われて、「はい、どうぞ」だけでは相手への感謝を欠いています。

> Key Phrase：早めのご予約をお勧めしています

問い合わせ電話を受ける

　簡単な問い合わせは、自分ではよくわかっている内容ほど、相手にとっては言葉足らずの説明になってしまいがちです。お客様に、「問い合わせてよかった」と思ってもらえるようなプラスアルファの情報を盛り込むと効果的です。

会話例　商品に関する問い合わせに対して

相手「そちらにパワーロボはありますか？」

❶「**パワーロボでございますね。**はい、❷**何種類かございますがどのタイプをご希望か、もうお決まりでしょうか？**」

相手「まだ迷っているんだ」

❸「**現在は全種類在庫がございますが、乾電池で動くタイプBは人気商品ですので、クリスマス前に売り切れてしまう可能性もございます**」

相手「明日にでも行こうかなあ……」

❹「**ありがとうございます。**❺**本日からクリスマスイブまでは特別セールを行っておりますので、さまざまな特典も用意しております。ご来店をお待ちしておりますので、お気をつけてお越しください**」

❶ 相手の問い合わせ内容を復唱して確認。

❷ より詳しい情報を得るために、オープン質問を利用します。

❸ 相手に配慮した情報を提供します。

❹ 来店の意思に対する感謝の言葉。

❺ プラスアルファの情報を加え、お客様が来店したくなるように促します。

フレーズ例 相手の問い合わせに対して答える

☐ **「営業時間は午前10時から夜9時まででございます。なお、年内は土曜日、日曜日、祝日は2時間延長して夜11時まで営業しております」**

➡ 例外がある場合は、通常パターンを説明した後で詳しく付け加えます。同じことを説明するにも「土曜日、日曜日、祝日は夜11時までですが、来年からは平常の夜9時までに戻ります」では、相手にスムーズに伝わりません。

☐ **「営業時間と最寄り駅からの道順でございますね。では、まず営業時間から申し上げます」**

➡ 複数の問い合わせ内容があった場合の受け答えです。相手が質問事項をきちんと整理できず、思いつくままに聞いてくることもありますから、応対する側が内容を整理してから答えるようにしましょう。

☐ **「お問い合わせありがとうございました」**

➡ 最後に感謝の言葉を忘れずに。問い合わせしてきたお客様は、商品を購入する、サービスを利用する意思があるので、「何かありましたら、またご連絡ください」など、次の行動を促すような一言を加えると効果的です。

NG例 一人合点ではダメ

・**答えをあせってはダメ**

「営業時間についてですね」
「すみません。営業の……」

話の途中で早合点をして、一方的に答えてしまうと、相手に不信感を与えてしまいます。まず、相手の話をしっかり聞いてから、信頼感のある説明を。

・**自分ではわかっていても……**

「今週からは平常通り営業しております」

初めて問い合わせしてきた人にとっては、何が「平常通り」なのかわかりません。丁寧に正確に、わかりやすく答えることを心がけましょう。

失敗例 「基本的には朝10時から営業しています」と答える人も多いですが、「基本的」は不要です。

Key Phrase: お忙しいところ恐れ入りますが……

依頼・問い合わせの電話をかける

相手に何か依頼をする時には、通常以上に相手に敬意を払って丁寧に電話をする必要があります。相手が引き受けてくれたら、感謝の気持ちをきちんと伝えましょう。問い合わせ電話も同様です。こちらの都合で先方の時間を割いてもらうのですから、「**お仕事中恐れ入りますが**」などのクッション言葉を使い、電話の最後にはお礼の言葉を忘れずに。

会話例 「予定より早めに企画書がほしい」と依頼する

🗣️「本日は、①<u>山本様にお願いがあってお電話いたしました。</u>お時間はよろしいでしょうか?」

相手「はい。何でしょうか」

🗣️「実は、○○プロジェクトの企画書の件で、②<u>大変恐縮でございますが、予定より2日早い10日までにいただくことはできませんでしょうか?</u> ③<u>課長の大島が全体会議の前に目を通したいと申しておりますので、</u>可能であれば早めにいただきたいのですが、いかがでしょうか?」

相手「わかりました。10日の夕方までにお送りします」

🗣️ ④「**ありがとうございます。大変助かります。**
⑤**お忙しいところ申し訳ございませんが、何卒よろしくお願いいたします**」

① 相手にお願いの電話であることを伝えます。

② クッション言葉+「〜でしょうか?」で丁寧に依頼を。

③ 依頼・お願いをする理由やこちらの事情を簡潔に説明。

④ 引き受けてもらったら、すぐに感謝の言葉を述べます。

⑤ 最後にクッション言葉を使って再度お願いします。

フレーズ例　依頼・問い合わせの電話をかける

- □「実は、折り入ってご相談があるのですが、お時間はよろしいでしょうか？」
- □「○○の件でお聞きしたいことがあり、お電話を差し上げました」

➡ 何の電話であるかを最初に伝えます。クッション言葉を入れると効果的です。

- □「お仕事中恐れ入りますが、ご担当の方はいらっしゃいますか？」

➡ 問い合わせ電話で担当者がわからない時に使うフレーズ。クッション言葉を用いて、問い合わせに応じてくれたことに対する感謝の気持ちを表現します。電話の最後には「**お手数をおかけいたしました。ありがとうございました**」と挨拶を。

- □「お手数ですが〜していただけませんでしょうか？」
- □「大変恐縮でございますが、〜していただくことは可能でしょうか？」

➡ 依頼やお願いの内容を伝える表現です。依頼の電話で使うクッション言葉には、他に「恐れ入りますが」「申し訳ございませんが」「恐縮でございますが」などがあります。「〜していただけますか？」の依頼型と合わせて使いましょう。

✓check　依頼・問い合わせで注意する点

❶ 依頼の時は謙虚さを忘れずに

取引の上で仕事を依頼する立場にあると、命令口調になりがちなので注意をしましょう。依頼に気持ち良く応じてもらうためにも、丁寧な応対が大切です。

❷ まず自分で調べてから問い合わせ電話をする

ちょっと調べればすぐわかるようなことを問い合わせるのは、相手に対して失礼です。あらかじめ自分でも調べた上で、わからない時は問い合わせの内容や目的を整理してわかりやすく伝えましょう。

> **ワンポイント**　問い合わせ内容が複数ある時には、「3点ほどお伺いしたいことがあるのですが……」と言ってポイントを押さえた質問を。

Key Phrase 大変失礼ではございますが、何か行き違いなどありましたでしょうか

督促電話をかける

　督促電話で重要なポイントは、**失礼にならないように**することです。相手に非があっても、一方的に相手を非難したり、決めつけるような言い方をせず、低姿勢で応対してください。こちらの勘違いもありうるので、「何か行き違いなどありましたでしょうか」とお客様自身に思い当たることがないか確認するのが原則です。

会話例　商品の代金振り込みを催促する

「ネットショッピングのABC社、木村と申します。❶**内田様から今月10日にお申し込みいただいたDVD代金のお支払いの件でお電話を差し上げました**」

相手「まだ商品が到着していませんけれど」

「実は、ご入金後に発送することになっております。❷**大変失礼ではございますが、何か行き違いなどありましたでしょうか**」

相手「ごめんなさい、ホームページに書いてあることをよく見なかったわ」

❸「**さようでございますか。**❹**本日より3日以内にご入金いただくことは可能でしょうか？**」

相手「ええ、明日払っておきます」

❺「**ありがとうございます。**どうぞよろしくお願いいたします」

❶ 最初に電話の目的を伝えます。

❷ お客様に恥をかかせることがないように、自身で何か思い当たることがないか伺います。

❸ 相手に問題があっても、言い分を落ち着いて受け止めます。

❹ こちらの要望に協力してもらうよう、お願いします。

❺ 申し出を受け入れてくれたことに感謝の意を表します。

フレーズ例 督促電話をかける

- □「お願いした品物が届いていないのですが、ご確認いただけますでしょうか？」
- □「～ですが、お調べいただけますか？」

➡ 相手に落ち度があったからといって、「そちらのミスですよね」「どうしてくれるんですか？」とはじめから非難すると話がこじれてしまいます。依頼型で尋ねるのがポイントです。こうすれば、たとえ相手に非がある場合でも角が立ちません。

- □「実は大変急いでいるのですが、いつ頃こちらに届けていただけますか？」

➡ こちらの事情をくんでもらい、できるだけ早く対処してもらうように具体的に話を進めていきます。その際も、こちらの都合を押しつけてはいけません。クッション言葉なども用いて、失礼のないように話を進めてください。

- □「お手数をおかけいたしますが、どうぞよろしくお願いいたします」

➡ 相手がこちらの意図どおりに対処してくれることになったら、感謝の気持ちを伝えましょう。相手も自分のミスを認めているはずですから、文句を言う必要はありません。

NG例 相手を責めてはいけない

・こちらのデータだけで決めつけない

入金がまだなんですけれど、どうなってますか？

え？昨日払ったのに……

「入金がまだなんですけれど、どうなってますか？」と、相手に非があると決めつけてはダメ。何か不測の事態があったのかもしれません。特にお金に関しては、デリケートな問題なので注意を。

・自社の都合を押しつけない

早く届けてくれないと、処理ができなくて困るんですけど……

「処理ができなくて困っているんですよね」と相手をなじりたくなるかもしれませんが、自社の都合を押しつける前にお客様に事実確認をして、双方にとって良い方法を提案すること。

ワンポイント お客様のミスを指摘する場合は遠回しに。「私どもの手違いかもしれませんが……」と逃げ道をつくる表現をしましょう。

Key Phrase ……というのが私どもの考えですが、ご理解いただけましたでしょうか

営業電話をかける

　営業電話は、お客様のメリットを強調して「イエス」を勝ち取り実績に結びつけるもの。自分の立場を優先させるだけでは、お客様の獲得は望めません。営業電話でのトーク術の一つに**ブーメラン話法**があります。相手の言葉をそのままの形で投げ返すと、先方はそれ以上断る理由がなくなり「イエス」と言ってしまうものです。効果的に取り入れていきましょう。

会話例 1　相手のメリットを強調する

❶「……というのが、弊社の環境に対する取り組みで、この商品にもそれが活かされております。ご理解いただけましたでしょうか？」

相手「なるほど。でも、料金が高いよねぇ」

❷「私どもといたしましては、**今後とも御社と長くおつきあいさせていただきたいと考えております。**ご要望にはなるべくお応えしていきたいと思っております」

相手「そうですか。それはありがたい」

❸「まず、FAX でお見積もりをお送りいたしますので、**それにお目通しいただいた上で具体的なご要望をお聞かせいただけますでしょうか？**」

相手「わかりました。では、FAX をお待ちしております」

❶ 企業の姿勢や方向性を説明した上で、それを相手に押しつけないような表現にすることがポイントです。

❷ 今後の取り引きについてもアピールしていきます。

❸ 相手が金額面で迷っている時は、こちらから金額を明確に伝えた上で、お客様の要望を受け入れる姿勢を表します。

会話例2 ブーメラン話法

相手「このインスタント麺、確かにおいしいし、お湯を注ぐだけで手軽だね。でも、使い捨てカップがないのは不便じゃないかな。うちの店の客層は20代が中心だから、自分のマグカップでつくるのは面倒くさがるよ。カップを洗わなきゃならないから」

❶「さようでございますか。 ❷しかし、使い捨てのカップがないとゴミも減らせますし、最近では若い人たちもエコに注目しています。センスの良いマグカップとセットで販売するアイデアもあります」

相手「でも、インスタントだと今の健康志向に反しているんじゃないかな」

❸「健康に敏感な方にこそ、食べていただきたいのです。麺はノンフライですし、化学調味料も人工添加物も使っていません。❹ダイエットが気になる20代の方にもお勧めの商品です」

相手「そうかぁ……」

❶ いきなり反論せず、まず、お客様の言葉を受け入れます。

❷ お客様が気づいていないメリットを提案します。

❸ 相手の言葉をそのまま返す**ブーメラン話法**です。お客様の断る理由がなくなり、その後のセールストークが効果的になります。

❹ お客様にとってプラスアルファのメリットを伝えます。

■ブーメラン話法

ブーメラン話法とは、商談中などに、お客様から断りなどのネガティブな言葉が出てきても、それをそのまま受け止めて相手に返す話術です。

❶ まずはお客様の言葉を受け入れる

❷ お客様の言葉をそのまま肯定した形でセールストークへ

❸ 言葉をそのまま返されると、お客様も断る理由がなくなり、セールストークがプラスにはたらく

❹ 自社商品を導入するメリットを伝える

失敗例「このままだと上司に怒られます」は、自分の立場のみを優先させるもの。お客様には関係ないことです。

Key Phrase: どのような状況なのか確認していただけますか？

抗議の電話をかける

抗議の電話で大切なのは、**感情的にならない**ことです。相手のミスでトラブルになったとしても、言葉遣いが乱暴になったり冷静に対処できないようではこちらのマナーが疑われます。状況を正確に説明して原因を確認し、できるだけ早く問題解決できるように話を進めてください。ただし、同じような問題が何度も起きる場合には、**対応を検討**することも必要です。

会話例 納品が遅れているので抗議する

> 「実は、本日正午までに到着するはずの商品がまだ届かないのですが、❶**どのような状況なのか確認していただけますでしょうか？**」

相手「えっ？　申し訳ございません」
（状況を確認してもらう）
「誠に申し訳ございません。配送担当者のミスで、運送会社には納期を明日の正午までと伝えてしまったようです」

> 「❷**さようでございますか。**　❸**実は、今日の夕方5時には必要ですので、恐れ入りますが早急に配送の手配をしていただきたいのです。**　❹**何時頃こちらに届けていただけるでしょうか？**」

相手「すぐに運送会社に連絡いたします。詳しい時間は確認を取りまして折り返しご連絡させていただきます」

❶「〜でしょうか？」の依頼型にして、相手を責めないように。

❷落ち着いて相手の言葉を受け止めます。

❸できるだけ早く対応策を決めなければならないので、まずこちらの要望を伝えます。高圧的な口調にならないように注意をします。

❹どのような対応策をとってもらえるのか、具体的に確認します。

フレーズ例　抗議・クレームの電話をかける

☐「お伝えしたいことがあり、お電話いたしました。○○がまだ届いていないのですが、どのような状況になっていますでしょうか？」

➡ あくまで冷静に事実を伝えて、相手に説明を求めます。「こんなことじゃ困るんだよ」「迷惑なんですよね」など、怒りを表すフレーズは避けること。相手の感情を傷つけると、話がスムーズに進まなくなります。

☐「このようなことが続きますと、残念ながら御社との取引を再検討させていただかざるを得ません」

➡ 何度もトラブルが起きて、相手に改善する姿勢や誠意ある対応が見られない場合には、取引停止も選択肢の一つになります。頻繁に問題が発生する相手に対しては、それを抗議の際に伝えてもいいでしょう。

☐「今後、どのように改善していくかお聞かせいただけますでしょうか？」

➡ 本当に反省して改善に真摯に取り組むつもりがあるのかを確認するために、具体的な対策を聞き出しておくことも大切です。

NG例　責めるのではなく、責任の所在を明らかにする

・ぞんざいな言葉遣いはマナー違反

「いつもこんなことでは困るんですよね」

「いったい、おたくはどうなっているんですか？」「いつもこんなことでは困るんですよね」と相手を責めるのは簡単ですが、これでは責任の所在を明らかにして、今後の行動・対策を聞き出すことができません。

・決めつけるのはタブー

「到着が遅れているのですが、御社のミスですよね。」

「事情を確認したら、配送のトラックが事故に巻き込まれていた」などのアクシデントもあり得るので、「到着が遅れているのですが、御社のミスですよね」と早々に相手に非があると決めつけるのは×。

ワンポイント　抗議の電話は、真剣さを出すためにやや低めのトーンの声で。問題の重要性が相手に伝わります。

Key Phrase：先日はお忙しい中ご足労いただきまして誠にありがとうございました

お礼の電話をかける

　何かをしてもらったら、**早めにお礼の電話をする**と好感を持ってもらえます。訪問した場合は、翌日の午前中には時間を割いてくれたことに対するお礼の電話を入れると効果的です。「この度は（昨日は）お時間をつくっていただき、ありがとうございました」といった感謝の言葉とともに、次のアポイントを取ったり、その時に出た話の確認をすることもできます。お礼の言葉を述べることで、その後の会話もスムーズに進みます。

会話例　商談のお礼を伝える

❶「先日は、お忙しい中お時間をつくっていただき誠にありがとうございました。❷貴重なお話を伺えて、部長の本田も大変に喜んでおります」

相手「こちらこそ、本田部長にまでお越しいただいて感謝しております。御社のシステムには当社のビジネスに役立つ点がいろいろありましたので、上司とも相談して、導入を前向きに検討させていただきます」

❸「ありがとうございます。❹では、昨日お話の中で出ましたサンプル版の導入の際に、合わせてお見積もりもお持ちいたします。❺ご都合のよろしい時に2時間ほどお時間をいただけませんでしょうか？」

相手「では、来週の水曜日、午後1時からではどうですか？」

❶ 訪問した時は、まず時間を割いてもらったことに対する感謝を伝えます。

❷ お礼の内容を具体的に告げると好印象です。

❸ 好感触を得たら、必ずお礼の言葉を。

❹ 訪問の際に出た話の内容を確認します。

❺ 次回のアポイントを取るなど、次につなげる提案をします。

フレーズ例 お礼の電話をかける

☐「先日は、お忙しい中ご足労いただきまして誠にありがとうございました」

➡ 相手に自社まで足を運んでもらった時や、どこかに出向いてもらった時のお礼の言葉です。この場合も、次の日の午前中には電話をしましょう。お礼の電話は早いほど効果的です。日にちが経ってからお礼の電話をしても、効果は薄れてしまいます。

☐「本日、宅配便にて資料が届きました。早々に手配していただきましてありがとうございました」

➡ 無事に届いたことを報告すると同時に、相手の作業に対して感謝します。電話のメリットはすぐに用件が伝えられることですから、相手から「届きましたか?」と確認の電話が入る前に、こちらからかけたほうが印象が良くなります。

☐「一言、直接お礼を申し上げたいと思いまして」

➡ 「電話で呼び出すのは迷惑……?」と思った時には、このフレーズを。相手にもお礼の気持ちが伝わります。

NG例 親しき仲にも礼儀あり

・親しさとなれなれしさは違う

（あっ 昨日はどうも〜）

電話での挨拶を「昨日はどうも」だけで済ませてしまう人がいます。「どうも」は便利な言葉ですが、相手への感謝の気持ちが含まれていません。きちんと「ありがとうございました」と伝えること。

・長電話はタブー

（もう一時間も話してるわ。）
（それで、今回の商品の特徴なのですが）
（はい / ええ）

「○○さんにお話を伺えて大変参考になりました」「久しぶりにお目にかかれてよかったです」など、お礼の内容を具体的に簡潔に伝えます。相手は時間を割いて電話に出てくださっているのですから、長電話は禁物です。

ワンポイント お礼を伝えようとした相手が不在の時には、「お礼を申し上げたいと思い、お電話を差し上げました。また改めてご連絡します」と、一言伝えます。

> Key Phrase ご迷惑おかけしており、申し訳ございません

お詫びの電話をかける

問題が起きたら、**できるだけ早く対応する**ことが大切です。トラブル発生がわかった時点ですぐにお詫びの電話をかけましょう。状況とトラブルの原因、今後の対策もきちんと報告する必要があります。相手に非があることでも、先方が怒っている場合はまず謝罪しましょう。

会話例　訪問する約束を忘れていた

相手「神保商事社の山田でございます」

「お世話になっております。ミサキ貿易の宮崎と申します」

相手「いつもお世話になっております」

「明日14時に御社へお伺いするお約束でしたが、別件で予定が入っていたことを忘れておりました。
①**大変申し訳ございません。**
②**恐縮ですが、**日程を別の日に変更していただいてもよろしいでしょうか」

相手「そうでしたか。それでしたら、明後日の16時はいかがでしょうか」

③「**明後日の16時ですね。**承知いたしました。
④**ご迷惑をおかけして、申し訳ございません。**どうぞよろしくお願い致します」

① まず、相手に対して謝罪の意を表します。

② クッション言葉を用いて相手の怒りを和らげながら、別の提案をしていきます。

③ 復唱して相手に安心感を与えます。

④ 最後に十分にお詫びの言葉を。

フレーズ例　謝罪の気持ちを伝える言葉

□「お電話で恐縮でございますが、とにかくお詫びをと思い、ご連絡させていただいております」

➡ 謝罪を電話で伝えるのは、本来はマナー違反です。直接出向くのが原則で、せめて文書を郵送します。ただ、「少しでも早くお詫びを言いたい」という時には、電話で謝る失礼を含めてトラブルのお詫びをします。

□「こちらの不手際で大変申し訳ございませんでした」

➡ こちらの応対に不備があり、それが原因でトラブルが起こってしまった場合は、こちらに非があったことを一言加えると、相手も納得することがあります。ただ「申し訳ございませんでした」と伝えるだけでは、相手に誠意が伝わらない場合があります。

□「ご迷惑をおかけしており、申し訳ございません」

➡ トラブルが進行中の時や、相手に手間をかけさせてしまった際は、「ご迷惑をおかけしております」や「お手数をおかけしております」など、手を煩わせたことに対して一言添えるといいでしょう。

NG例　謝罪に徹すること

・「すみません」は謝罪に適さない

（本当にすみませんでした）

「本当にすみませんでした」と謝る人がいますが、これはプライベートで使う言葉。ビジネスの場では**申し訳ありませんでした**を使いましょう。「すいません」は日本語として間違っているので論外。

・相手に非があっても責めてはいけない

（今まではこんなことはなかったのですが……／私が悪いっていうの？）

「今まではこんなことはなかったのですが……」と言うと、相手を疑っている、責めていると受け取られてしまいます。仮に相手に問題があったとしても、お詫びの電話では謝罪に徹してください。

ワンポイント　「今後ともお気づきのことがあればご指摘ください」と、相手との関係を続ける意思を表現するのもいいでしょう。

Key Phrase: May I help you?（ご用件を承ります）

英語の電話がかかってきたら

相手が見えない電話での英会話は、ボディランゲージが使えないので対面での英会話より一層難しいと言われています。しかし、英語での電話のやり取りにも基本の表現があります。まずそれを覚えて、**落ち着いて応対**しましょう。

会話例　英語で電話がかかってきた

＜名指し人に取り次ぐ＞

🗣「お電話ありがとうございます。ABC物産でございます」

相手「May I speak to Mr.Yoshimoto, please?」
（吉本さんをお願いしたいのですが）

🗣**「May I ask who is calling?」**
（どちらさまでしょうか？）

相手「This is Mike Smith from DEF Company.」
（DEF社のマイク・スミスです）

🗣**「Sure Mr.Smith, hold on, please. I'll connect you with Mr.Yoshimoto.」**
（スミス様ですね。かしこまりました。ただいま吉本におつなぎいたします）

＜英語があまり話せない時には＞

🗣**「Would you hold a second, please? I'll get someone who speaks English.」**
（少々お待ちください。ただいま英語が話せるものに代わります）

注意

英語がうまく話せなくても、「I can't speak English.」と答えるのはやめましょう。先方も困ってしまいますし、コミュニケーションを拒否しているのだと誤解されることもあります。

フレーズ例　基本的な英語の応対

●会社名を名乗る
おはようございます（こんにちは）。○○社でございます
➡「Good morning(Good afternoon/Hello).This is ○○ company.」

●用件を伺う
ご用件を承ります
➡「May I help you?」／「How can I help you?」／「Can I help you?」

●相手の名前を尋ねる
どちらさまでしょうか？
➡「May I ask who is calling?」／「Who's calling(speaking), please?」

●電話の取り次ぎ先を尋ねる
誰におかけでしょうか？
➡「Whom would you like to speak to?」

●名指し人に取り次ぐ
○○に（□□部に）おつなぎいたします
➡「I'll connect you with Mr. ○○ (the □□ department).」

●電話を保留にする時
少々お待ちください
➡「Hold on, please.」／「One moment, please.」
➡「Just a moment, please.」／「Would you hold a second, please?」

●相手の言っていることが聞き取れない時
失礼ですが……
➡「Excuse me, but……」

もう一度おっしゃっていただけますか？
➡「I beg your pardon?」／「Could you repeat that again?」

もう少し大きな声でお願いいたします
➡「Could you speak up a little?」

もう少しゆっくり話していただけますか？
➡「Could you speak more slowly?」

お名前のつづりを教えてくださいますか？
➡「Could you please spell your name?」／「How do you spell your name?」

●英語が話せる人に代わる時
英語ができるものに代わります
➡「I'll get someone who speaks English.」／「I'll get an English speaker.」

ワンポイント　応対の基本的な流れは日本語と同じ。社名を名乗り、相手の名前と取り次ぐ人を確認して電話をつないでください。

こんな時はどうする？

トラブル対処方法

トラブル１　取り次ぐのに相手の名前を忘れてしまったら

□「恐れ入りますが、もう一度お名前を確認させていただいてもよろしいでしょうか？」

ポイント　電話を受けたらすぐにメモを取るのが基本ですが、別の業務中に電話を取って、すぐにメモの用意ができなかったり、相手の名前を覚えていたはずが、うっかり忘れてしまったり……といったことがあるかもしれません。そのような時は、「もう一度確認させていただきたい」という言葉を使いましょう。相手が再度名乗ってくれたら、「恐れ入ります」と一言加えると、相手に不快感を与えません。

トラブル２　周囲が急に騒がしくなったら

□「お話の途中で申し訳ございません。取り込んでおりますので別室からかけなおしたいと存じますが、よろしいでしょうか？」

□「お待たせして申し訳ございません。取り込んでおりましたので別室に移動いたしました」

ポイント　電話は意外と周囲の音を拾ってしまうものです。周りにいる人が大声で話し始めたら、電話を保留にして静かにしてもらうように頼みましょう。ただ、話しているのが上司やお客様だったり、工事の騒音などの場合は、お客様に断っていったん電話を切るか保留にして、静かな場所に移動しましょう。

Chapter 7
クレーム電話への応対

クレームで会社は成長する

自分たちが気づかない問題点を教えてもらう

クレームを面倒な苦情と捉えないこと

　クレームの電話がくると「できるだけ早く済ませたい」と思う人も多いでしょう。しかし、お客様は苦情を言うためだけに、時間とお金をかけて電話をしてくるのでしょうか？

　ある企業の調査によると、**クレームが適切に解決された場合、お客様の商品再購入率は80パーセントを超える**という結果が出ています。つまり、クレームは会社や商品、サービスのファンになってもらうためのチャンスと考えることもできます。

　そして、会社にとっては、本来自分たちが気づかなければならない商品の使い勝手の悪さや問題点を、お客様のクレームによって教えてもらっているのだと言えるでしょう。

　お客様のクレームは、会社や商品がより良いものになる成長要因、または貴重な情報源だと前向きに捉えて応対しましょう。

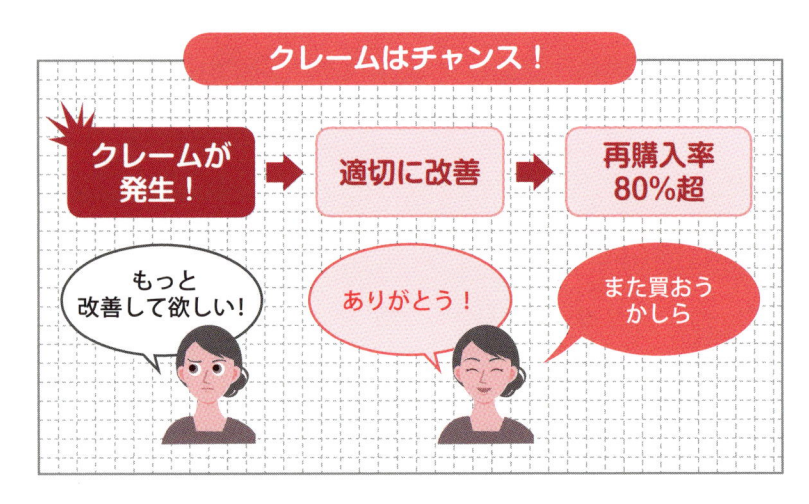

クレームはチャンス！

クレームが発生！ → 適切に改善 → 再購入率80％超

「もっと改善して欲しい！」　「ありがとう！」　「また買おうかしら」

お客様の満足を第一に考えて応対を

　お客様のクレームから得るものはたくさんあります。お客様は不満や不快を感じたことでクレームの電話をかけてくるのですから、応対の第一の目標は、お客様の満足につながる解決方法を提示することです。

　もちろん、円満に解決するとは限りません。それでも、お客様の不満を最小限にとどめて、不満が残った場合はそれを次の課題として改善に努めることが大切です。

　クレーム応対は、マニュアル通りに説明していけばうまくいくというものではありません。お客様1人1人の状況に応じた受け答えや提案、場合によっては歩み寄りや説得が必要になります。

　会社や商品に期待してくれているお客様の思いにどうしたら応えられるか。これを考えて実行することが、クレーム応対における柱になります。これがしっかりしていれば、お客様の不満は少なからず解消することができますし、会社も商品もより良いものにすることができるのです。

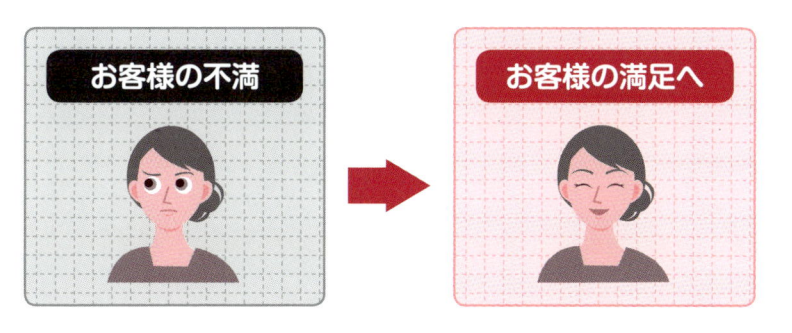

お客様の不満 → お客様の満足へ

クレームへの対策を考えるポイント

1. より良い解決策を提示・提案できないかを考える
2. お客様に納得してもらうために、より良い説明の仕方はないかを考える
3. お客様により満足してもらうために、もっとできることはないかを考える

ワンポイント　クレームの電話におびえて出ると、相手は余計に不信感を持ちます。誠意を持って応対すれば、怖がることはありません。

Key Phrase: 恐れ入りますが、どのような状況だったのかをお話いただけますか

クレームを言うお客様の心理を理解する

早く解決してくれることを望んでいるお客様への応対

　程度の差こそあれ、お客様は自分だけを特別扱いしてくれることを心のどこかで望んでいます。応対に出た人が迅速でないと、場合によってはエスカレートして「社長を出せ！」と要求することもあるのです。

　クレームの電話だと思うと、緊張してなかなか言葉が出ないこともあるでしょう。しかし、お客様は**スピーディな応対**を望んでいることを忘れずに、すぐに事情を伺うようにしましょう。

悪い応対例

- 相手「昨日買ったグラスが割れていたんだけど……」
- 「えーと……、たぶん配送担当者に問題があったのだと思いますが、もしかしたら工場出荷の時かも……」
- 相手「はっきりしろ！」

> あいまいな答えは NG！

- 「詳しい事情は、配送係に聞かないと……」
- 相手「じゃあ、配送係につないでくれよ！」

良い応対例

- 相手「昨日買ったグラスが割れていたんだけど……」
- 「**それは、大変に申し訳ございませんでした。お怪我などございませんでしたか？**」
- 相手「それは大丈夫だったよ」

> まずは相手を気遣う一言を

- 「恐れ入りますが、どのような状態なのか簡単にお話しいただけますでしょうか？」

怒りによって興奮しているお客様への応対

　クレームを言うお客様は、不便な思いをしたり、迷惑をかけられているのですから、当然腹を立てています。中には、感情的になってしまっている人もいるでしょう。

　そのような時に、お客様を非難するようなことを言ったり、「いい加減なことを言っている」「私の話を真剣に聞いていない」と受け取られるような言葉を口にすると、ますますヒートアップしてしまいます。

　お客様が興奮していると、こちらもつられてイライラしてしまうことがありますが、一緒に興奮して、売り言葉に買い言葉で言い合いになってしまっては、クレーム応対は失敗です。

　お客様のことを第一に考えていることを示しながら落ち着いて応対することが肝心です。

　また、お客様が話している途中で話をさえぎることも、お客様の怒りを招く原因になります。お客様の主張は必ず最後まで聞き、話を否定するような言葉はつかわないように気をつけましょう。

悪い応対例

相手「おたくの店員、態度悪いわよね」

＞会社の代表として電話に出ている自覚が足りません

「そう言われましても、私は店頭に出ておりませんので……」

相手「何よ、自分の店のことなのに無責任ね」

「いえ、お客様との間に何があったのか存じませんので判断できかねまして」

相手「私が悪いとでも言うの？」

＞お客様の言うことを聞く姿勢が見えない

良い応対例

相手「おたくの店員、態度悪いわよね」

「ご不快な思いをさせて誠に申し訳ございません。よろしければ、どのようなことがあったのかお聞かせいただけますでしょうか？」

ワンポイント　専門用語や業界用語など、相手に理解できない言葉を使うと、怒りを増幅させてしまいますので注意を。

クレーム原因のNo.1は社内ルールの押しつけ

クレームの原因を把握する

クレームの要因 ❶ 商品の欠陥や不十分なサービス体制

クレームが起こる一般的な要因の一つとして、商品やサービスがお客様の事前の期待よりも劣っていて、不満を抱かせることが挙げられます。商品の欠陥、約束を守ってくれない、時間や納期の遅れ、受注や発注のミスなどです。

たとえば、「折り返しお電話いたします」と告げておきながら電話をしないことも、約束の不履行に含まれます。

クレームの要因 ❷ 応対の悪さ

人の応対に関する問題もクレームを招きます。

無愛想な接客態度、礼儀に反した応対、ぞんざいでいい加減な応対、機械的な処理、電話のたらい回しなどが、クレームの原因になるのです。

その他にも、こちらの横柄な態度や依頼されたことを無視するなど、お客様の自尊心を傷つける行動には、くれぐれも注意が必要です。

また、「社内ルールやシステムを優先した応対」や自社の都合の押しつけはクレームの原因として最も多くあげられます。

「当社ではそういう規則になっております」などと、自社のルールを優先し、お客様の都合を無視した言い方をすると、お客様は不満に思うのです。会社の決まりは、お客様には何の関係もありません。とにかく、目の前にある不満や問題を解消してほしいのです。

催促の電話でも、「早々に代金を振り込んでいただかないと、こちらも処理できなくて困っているんですよ」と、会社の都合を優先させる言い方をすると、これもクレームの原因になりかねません。

クレームの要因 ❸ わかりにくい説明

　パンフレットや説明書に書いてあることなのに、お客様が読んでいなかったためにトラブルになる、あるいは、「届いた商品がイメージと違っている」とクレームをつけられることがあります。

　こちらには責任がないと思われる問題でも、お客様は、誤解した自分ではなく、誤解させたこちらに非があると考えているのです。その場合は、パンフレットなどに書いてあっても「こちらのご説明不足で大変申し訳ございませんでした」などと、お客様の気分を害したことへの謝罪をします。

クレームの３大要因

❶ 商品やサービスがお客様の事前の期待よりも劣っている場合

- 商品の欠陥
- 約束を守らない
- 時間や納期の遅れ
- 受注や発注のミス　など

> 先週頼んだファイルだけど80個注文したのに60個しか入ってなかったよ。今日中に必要なんだけど……

❷ 接客態度など人の対応に関する問題がクレームを引き起こす場合

- 無愛想・横柄な態度
- 社内ルールの押しつけ
- 電話のたらい回し
- 依頼を無視する　など

> ３回も取り次ぐ先を変えられて、その度に最初から説明してるのよ！

❸ 商品のイメージや使い方がわかりにくい場合

- パンフレットの商品イメージがあいまい
- 説明書きがわかりにくい
- 購入時の商品説明が足りない
など

> 安いと思ったから買ったのに、付属品とか買い揃えないと使えないなんて、最初に何の説明もなかったわ

失敗例　相手の声が聞こえにくい時に「もっと大きな声でお願いできますか」は、無礼な応対。クレームの原因になります。

クレームはポイントを押さえて迅速に対応する

クレーム応対上手になる5つのポイント

1 迷惑をかけたことを丁寧にお詫びする

　自分が担当者ではなく、社内的な責任はなくても、電話を取ったら会社の代表として応対しなければなりません。お客様に不快な思いをさせたことは会社の責任ですから、お詫びの言葉を伝えましょう。丁寧にお詫びすることで、怒っていたお客様が冷静になるケースもあります。

　しかし、ただ事務的に謝るだけでは、逆にお客様を怒らせる原因にもなりかねません。お客様の気持ちになって、心からの謝罪を伝えることが大切です。

　また、「商品が壊れた」「買った食品に異物が入っていた」などのクレームの時には、相手を思いやる言葉を述べることで、お客様に共感を示します。それによって、相手は「真剣に話を聞いてくれている」と感じるのです。

●相手を思いやるフレーズ

- □ **「お怪我はなかったでしょうか？」**
- □ **「お体は大丈夫でしょうか？」**

2 クレームの内容を十分に聞く

　お客様が何について怒っているのか、何を求めているのかを把握しなければ、満足いただける応対はできません。あわてずに、お客様が訴えたいことを聞き出してください。

　お客様の話を黙って聞くだけではなく、積極的に質問することで状況やお客様の要望をより具体的に聞き出します。また、お客様にも「話をちゃんと聞いてもらっている」と安心感を与えることができます。

③ 解決策を説明し迅速に実行する

　自分で解決できる時には、お客様に納得してもらえる説明をします。わかりやすくシンプルな説明が求められます。そのためには「時間を明確にする」「数字で表現する」「結論を先に出す」ことがポイントです。これは、クレーム応対に限らず、電話応対の基本です。

　なお、新入社員のうちは、クレーム内容を確認したら速やかに上司や担当者に取り次ぎましょう。

■ **分かりやすく説明するためのポイント**
- 時間を明確にする
- 数字で表現する
- 結論を先に出す

●解決策を説明する際に使えるフレーズ

- □ **「お時間を5分いただいて、今後の対応について説明させていただきたいのですが」**（時間を明確にする）
- □ **「代わりの商品の納期につきまして2点お伝えしたいことがございます」**（数字で表現する）
- □ **「今回の返品につきましてはご返金はいたしかねます。と申しますのは……」**（結論を先に出す）

④ 注意していただいたことに感謝をする

　前述したように、クレームは会社を成長させる貴重な情報です。多くのお客様は、「会社にクレームをつけるのは面倒」と我慢してしまいます。わざわざクレームを寄せてくださるお客様は大切な存在なのです。

> ご指摘いただきありがとうございます

⑤ 上司や関係者に報告し再発を防止する

　クレームの原因・内容・応対の詳細と、どんな解決策を提示したか、また、お客様の様子など、クレームの発生から解決までの過程を報告し、社内で共有します。同じようなクレームが起こらないように、商品・サービスや社内体制などの見直しに活用します。

ワンポイント　解決策を説明する時には「説明させていただいてよろしいでしょうか？」と依頼形にするといいでしょう。

> Key Phrase：おっしゃることはよくわかります

クレーム電話への最初の応対

徐々に声のトーンを下げる

電話応対の基本は「明るい声」です。どんな電話でも、第一声は、ハキハキと明るくしましょう。

ただし、クレーム応対で明るい声を出していると、相手は「真面目に聞いているのか？」と不安に思ったり、「ふざけている」と受け取られることがあります。

クレームの電話だとわかったら、**応対をしながら少しずつ声のトーンを下げていくこと**。周囲が騒がしければ、静かにするようにメモなどで合図をしてください。

声のトーンは落としても、単調なあいづちはＮＧです。一本調子だと事務的な印象を与えてしまうため、お客様はかえって不信感を抱きます。声に抑揚をつけて、あいづちの言葉も変化をつけましょう。

クレーム電話でのあいづちの種類

一般的なあいづち	「はい」「なるほど」「さようでございますか」
驚き	「そのようなことがあったのですか（大変申し訳ございませんでした）」
同意・共感	「私もそう思います」「おっしゃる通りです」 「おっしゃることはよくわかります」 「ごもっともでございます」 「それは大変でございましたね」
話題の展開	「それからどうなさいましたか？」 「他に何かございますか？」 「他にご要望はございますか？」
内容の確認	「と、おっしゃいますと？」 「もう少し詳しくお聞かせいただけますか？」

解決策の説明を急がない

　クレーム電話を早く終えたいからと言って、早々に解決策を提示すると、トラブルのもとになりかねません。特に、何度か経験した内容だったり、前例があると、自社で決められた解決策を説明することに気をとられ、お客様の話は聞き流してしまいがちです。

　確かに、お客様は**スピーディな応対**を求めています。電話応対で最初からもたもたされると、ますます怒ってしまうこともあります。しかし、その反面お客様は「自分の話をじっくり聞いてもらいたい」とも思っているのです。中には、話を聞いてもらったために気持ちが鎮まり、クレームが解決するということもあります。

　誠意を持って応対しているのに、「バカヤロー」と罵声を浴びせられることもあるでしょう。そのような時でも、**丁寧な応対**を心がけて話を聞いてください。お客様は商品やサービスに不満を持っているのであり、電話応対している人を怒っているのではありません。「お怒りはごもっともでございます」とお客様の気持ちを受容する姿勢で応対しましょう。

　人間は、言いたいことを言って感情を吐き出すとすっきりするものです。こちらが不用意な言葉を口にしたり、お客様に責任を転嫁したり、あいまいな受け答えをすることがなければ、相手の怒りはそう長い時間をかけずにおさまります。

　気持ちが落ち着いたところで、再度謝罪をして、解決へと話を進めていくといいでしょう。

第一声は明るい声でも、クレーム電話だとわかったら徐々に声のトーンを下げていくようにします。

お客様の気持ちを受容し、共感を示す姿勢が大切。

ワンポイント　何か作業をしている時にクレームの電話を受けたら、手を止めて電話応対に集中を。片手間での受け答えは声に表れます。

Key Phrase ご不快な思いをさせてしまい、申し訳ございませんでした

やみくもに謝るだけでなく状況に即した応対を

電話の内容がクレームだとわかったら、**丁寧にお詫び**をして、お客様の気持ちを落ち着かせます。とはいえ、やみくもに謝るだけでは、かえってお客様の気持ちを逆なでしてしまうので、謝罪する手順をきちんと知っておきましょう。

悪い応対例

相手「午後着のはずの荷物がまだ着かないんだけど」

❶「申し訳ございません」

相手「もうそろそろ家を出なければならないの」

❷「すみません。本当にすみません。❸もう少しお待ちください」

相手「急いでいると言っているのに、謝ってばかりいないで状況を確認してよ」

❶ 何も状況を把握しないまま謝ってしまうのは×。

❷ ビジネスの場では「申し訳ございません」が○。

❸ 謝るだけでなく、状況を確認してお客様に説明しましょう。

良い応対例

❶「お待たせしてしまい誠に申し訳ございませんでした。❷それでは、ドライバーに確認し、折り返しご連絡いたします。」

（確認後）

「ドライバーに確認したところ、あと15分ほどでお届けできるそうですが、❸お時間は大丈夫でしょうか？」

❶ 時間がかかっていることに対して謝罪します。

❷ すぐに遅れている理由を確認。

❸ 状況を説明した後、相手に配慮した言葉を。

お詫びの言い方に注意を

　クレームを言われたら即座に謝罪するというのは間違いではありません。しかし、気をつけたいのは、どのような状況なのか飲み込めないまま、とにかく「申し訳ございません」と謝ってしまうことです。これでは、相手の言っていることに対して全面的に謝罪していることになります。つまり、こちらに100パーセント非があると認めたことになるのです。これでは、後で相手から無理難題を言われても、文句は言えません。

　謝罪する際には、「ご不快な思いをさせてしまい申し訳ございませんでした」と相手の気分を害したことに対して謝罪する、また、ある行為に対しては「私どもの不行き届きで誠にご迷惑をおかけいたしました」と謝罪するなど、「**何に対して謝っているのか**」をはっきり表現することが大切です。

状況に合わせた適切な応対を

　たとえば、商品の納品が遅れている場合や、明らかにこちらのミスであるとわかっている場合には、「誠に申し訳ございませんでした。ドライバーに確認いたしましたところ、後30分ほどでお届けできるそうです。ご迷惑をおかけいたします」と、**状況を説明した上で謝罪**します。

　もし状況がはっきりしていないなら、「本日の正午までにお届けするはずの商品がまだ到着していないのですね。それでは、ドライバーに確認し、折り返しご連絡いたします」と状況の確認にとどめた応対が適切です。

フレーズ例　具体的な謝罪の仕方

- □「ご不快な思いをさせてしまい、誠に申し訳ございませんでした」
- □「お手数をおかけいたしまして、大変に申し訳ございませんでした」
- □「私どもの説明不足でご迷惑をおかけいたしました」
- □「ご連絡が遅くなったために、ご心配をおかけいたしました」
- □「せっかくお越しいただきましたのに、ご期待に添えず申し訳ございませんでした」

ワンポイント　「私の説明不足で……」などと「私」を使うと、対会社ではなく対個人の応対になってしまうので、「私ども」を使いましょう。

Key Phrase ○○についてもう少しお聞かせいただけませんか？

クレームの内容を上手に聞き出すには

　お客様がクレームの電話をかけてくるのは、クレームに対して納得のいく説明や回答を求めているからです。

　クレームの内容や状況を正確にわかっていないと、適切な説明をすることも有効な解決策を出すこともできません。お客様に満足してもらうためには、クレームの内容を十分に聞き取り、**何を求められているのか理解すること**が重要です。

会話例　買ったばかりの商品が壊れていた

相手「昨日買ったばかりの DVD プレイヤーが電源を入れても動かないんだけど……」

「さようでございますか。❶**ご不便をおかけいたしまして申し訳ございません。**❷**よろしければ、機種と型番をお聞かせいただけますか？**」

相手「機種は DVD プレイヤー ABC で、型番は A-1234 です」

「❸**DVD プレイヤー ABC、型番は A-1234 でございますね。**❹**お買い上げ後、最初にお使いいただいた時に、すでに動かなかったということですね**」

相手「そうです。すぐに見たいＤＶＤがあったのに……」

「❺**大変申し訳ございません。本体に傷などはございませんでしょうか？**」

❶ 相手に迷惑をかけたことに対して謝罪します。

❷ クレームの内容を把握するために、詳細を聞き出し、状況を明確にします。

❸ 相手の話を復唱して、聞き間違いや誤解を防ぎます。

❹ さらにトラブルの内容を確認・復唱し、クレームを把握していきます。

❺ 改めてお詫びの言葉を述べ、他に問題がないかどうか、聞き取りを進めていきます。

クレーム内容を聞き出すポイントは5W2H

相手が何について怒っているのか、何を知りたいのかを聞きだすために、**5W2H**（「誰が」「いつ」「どこで」「どんなトラブルが」「なぜ起きたのか」「どのように起きたのか」「どの程度」）を押さえてヒアリングしましょう。その際、具体的なことがわかるように質問することが大切です。

クレームを聞き出すポイント

誰が	トラブルで被害を受けた対象者
いつ	トラブルが起こった日
どこで	トラブルが起こった場所
どんなトラブルか	トラブルの内容を細かい部分まで聞き取る
どのように起きたのか	トラブルが起こった状況
なぜ起きたのか	トラブルが起こった原因
どの程度	被害の範囲や状態

フレーズ例　クレーム内容を聞き出す言葉

- □「いかがなされましたか？」
- □「どのようなことでお困りですか？」
- □「どのようなことがご不明ですか？」
- □「大変申し訳ございません。他に不具合はございませんでしょうか？」
- □「お手数をおかけいたしますが、どのような状態でしたかお話いただけますでしょうか？」
- □「よろしければ、○○についてもう少しお聞かせいただけませんか？」
- □「しかるべき者と代わりますので、どのようなことか少し伺えますでしょうか？」

> **ワンポイント**　「色の違う商品が届いた」と言われたのに「違う商品が届いたのですね」と意訳してしまうと、「そうは言っていない」とさらに怒りを買います。

クレーム対応時に、言ってはいけない言葉
クレーム応対でのNGワード

　怒っているお客様は、電話応対の言葉一つでさらに怒りのボルテージを上げてしまうことがあります。場合によっては二次クレーム、三次クレームにまで発展してしまうことがあるので、注意しなければなりません。

　常に**お客様の立場になって考える**ことが必要です。

悪い応対例

相手「ホテルを予約しているんですが、部屋の指定をしたいんです」

❶「**あー、そうなんですか。** ❷**ごめんなさい。** ❸**基本的にはお部屋は指定できない決まりなんですよ**」

相手「他のホテルでは指定できるよ」

❹「**申し訳ございません。ご了承ください。**」

相手「以前泊まった221号室にしたいんだよ」

❺「**ですから、すでに部屋の割り当ては自動的に決められているんです。よろしいですか？**」

相手「あんたじゃ話にならない」

「じゃあ、マネジャーに代わりますね」

（電話を代わって）

「フロントマネジャーの山下でございます。❻**どのようなご用件でしょうか？**」

---

❶ お客様の言葉をしっかり受け止めず、他人事のような受け答えです。

❷ 「申し訳ございません」が適切な表現。「ごめんなさい」は子供っぽい言い回しです。

❸ 自社のルールをお客様に押しつけています。

❹ 命令形ではなく、「ご了承いただけないでしょうか」など依頼形を使うこと。

❺ お客様がなぜそのように主張するのか聞こうとせず、自社のシステムのみを優先させています。

❻ 取り次ぐときにクレーム内容を伝えること。

NG例 クレーム応対で使ってはいけない言葉

☐ 「たぶん」「一応」「きっと」

➡ あいまいな表現は、「私の言っていることを真剣に聞いていないのでは?」「いい加減に応対している」とお客様に不信感を抱かせます。

☐ 「申し訳ないと思っていますが……」

➡ お詫びの言葉の後にすぐ解決策を話そうとして「〜ですが」と言ってしまうと、言い訳していると受け取られます。「**申し訳ないと思っております。当社といたしましては……**」と、謝罪の言葉と解決策を切り離して話しましょう。

☐ 「おわかりですね?」「ご理解いただいていますか?」

➡ お客様を馬鹿にしていると思われかねない表現です。複雑な内容なのでお客様に理解しているか確認したい時には、「**ここまではよろしいでしょうか?**」「**私の説明でご不明な点はないでしょうか?**」のフレーズを。

☐ 「申し訳ございません」を繰り返す

➡ お客様は謝ってもらいたいと思ってクレームを言っているわけではありません。きちんとクレームについて説明してほしいのです。ひたすら謝罪しても、要望には応えられません。それより、納得してもらえる解決策を伝えられるように、状況を把握することが重要です。

☐ 「それは、たいしたことではありません」「お気になさらないほうがいいかと存じます」

➡ クレームやトラブルを軽視していると受け取られかねません。「たいしたこと」かどうかはお客様が決めることで、他人にとやかく言われることではありません。

他にもあるNGワード

- 「それは違います」
- 「ちょっと待ってください」
- 「そうはおっしゃいますが」
- 「よくわかりません」
- 「そんなことは絶対にありません」
- 「それはお客様の勘違いです」
- 「でも」
- 「どうせ」

失敗例 お年寄りに対して「おじいちゃん」「おばあちゃん」、若い人に「おにいさん」「おねえさん」と呼ぶのは失礼です。

Key Phrase: ご不快な気持ちにさせてしまい、申し訳ございません

お客様の心を和らげる一言

お客様に共感を示す言葉を

クレーム応対では感謝と謝罪の言葉に加えて、**お客様に共感を示す言葉**も重要です。相手の立場になり、不満や不便、不快に思っていることについて「自分もそう思う」と共感することによって、お客様は「自分の気持ちをわかってくれた」と感じて気持ちを落ち着かせることができるのです。

会話例 パーマがとれてしまった際のクレーム

相手「先日、おたくでパーマをかけたんだけど」

①「ありがとうございます」

相手「昨日シャンプーしたら、たちまちとれてしまったんです」

②「わざわざ私どものお店にお越しいただきましたのに、ご期待にお応えできず申し訳ございませんでした。③それでしたら、ブラッシングもしづらかったのではありませんか?」

相手「そうよ。もうイヤになってしまったわ。髪の毛は絡むしね」

④「ご意見を真摯に受け止め、今後はこのようなことがないように、十分注意いたします」

① 自分の店を利用してくれたことへ感謝します。

② お客様の立場になって謝罪し、気遣いの言葉を。

③ お客様のクレームに理解を示します。

④ 今後、改善するという姿勢を表します。

フレーズ例　気持ちを和らげる言葉

▼謝罪の言葉

「申し訳ございません」／「ご負担をおかけいたしました」

「お役に立てず恐縮です」／「お手数をおかけいたしました」

「ご不快な気持ちにさせてしまい、申し訳ございません」

「ご迷惑をおかけし、お詫び申し上げます」

「ご面倒をおかけして、失礼いたしました」

「ご面倒をおかけする結果となり心苦しい限りです」

「不行き届きで、お詫びの言葉もございません」

「二度とそのようなことがないようにいたします」

「今後このようなことがないように、十分注意いたします」

▼共感を示す言葉

「おっしゃる通りでございます」／「ご指摘はごもっともでございます」

「ご事情をお察しいたします」／「ご意見を真摯に受け止めます」

「さぞ、ご心配でしょう」／「確かに○○ですね」

▼クッション言葉

「お差し支えなければ」／「念のために」／「失礼ですが」／「あいにく」

「お手数ですが」／「恐縮ですが」／「申し訳ございませんが」

▼クレームの内容を聞く時

「具体的にはどのようなことでしょうか」／「お伺いできますでしょうか」

「お話しいただけますでしょうか」／「お聞かせいただけますでしょうか」

▼話を受ける時

「さようでございますか」／「かしこまりました」

「おっしゃっていることは承知いたしました」

> **ワンポイント**　電話の目的を聞き出す時には、「いかがなさいましたか？」「何かお困りのことがございましたか？」と丁寧に質問を。

Key Phrase: ご指摘いただきまして誠にありがとうございました

クレームへの感謝の気持ちを忘れずに

　クレームを寄せてくれるお客様は、その商品や会社に期待を持っている人です。「もっと良い商品にしてほしい」「サービスを充実させてほしい」との思いから寄せられた要望は、**会社を成長させるための財産**です。クレームを言ってくれるお客様は貴重な存在ですから、必ず感謝の言葉を伝えるようにしましょう。クレームに対する再度の謝罪や感謝の言葉がないと、「せっかく電話したのに」とイメージがダウンしてしまいます。お客様に「クレームを言って良かった」と感じてもらえるような応対をしましょう。

会話例　クレーム応対の締めくくり

「では、3日後に返金させていただきます」

相手「よろしくお願いします」

❶「この度は、私どもの商品の不備をご指摘いただきまして誠にありがとうございました」

相手「いいえ。この商品はこれからもずっと買いたいと思っているので」

❷「ありがとうございます。今後このようなことが起きないように十分注意いたします。　❸他の商品の品質向上にも参考にさせていただきます。　❹今後とも弊社をよろしくお願いいたします」

❶ クレームに対する感謝の言葉を告げます。

❷ 再度、迷惑をかけたことに対して謝罪。

❸ 指摘された内容を今後に活かすことを伝えます。

❹ 締めの挨拶。

注意

その会社に対するイメージは、最後の応対に左右されることが多いので気を抜いてはいけません。うまくクレームを処理できても、締めで台無しになることも。

フレーズ例　クレームに対する感謝の言葉

- ☐ 「本日は貴重なご意見を誠にありがとうございました」

- ☐ 「お電話ありがとうございました。今後ともよろしくお願いいたします」

- ☐ 「おかげさまで問題点がわかりました。早急に対処いたします」

- ☐ 「早速、参考にさせていただきます」

- ☐ 「大変参考になりました。今後このようなことが起きないよう努力いたします」

- ☐ 「本日は役に立つご指摘をいただき、誠にありがとうございました」

- ☐ 「本日は大変良い勉強をさせていただきました。厳しいご指摘をいただき感謝しております」

ワンランク上の電話応対　今後に活かす姿勢を具体的に表現する

「ご指摘ありがとうございました」「貴重なご意見をありがとうございました」だけでも失礼ではありません。さらに、お客様の指摘が自分や会社にとってプラスになったことを付け加えるといいでしょう。「ご意見を今後の商品企画にも活かしていきたいと存じます」「ご指摘いただきました点を社員のスキル向上に役立ててまいります」など、具体的に表現していきます。

ワンポイント　お客様の怒りがおさまる前に「勉強になりました」と言うのは×。「勉強させるために電話したんじゃない」と怒りが増します。

> Key Phrase：その後、パソコンの調子はいかがでしょうか？

アフターフォローも気を抜かずに

クレーム応対は、電話だけで終わらせない

　お客様からの電話で問題を指摘されたり、クレームを受けた場合、何が問題だったのか、相手の要望は何かを聞き出し、誠実に応対して解決するのは当然のことです。しかし、その後、相手に対してどのようにフォローするかで、お客様の自社を見る目が変わってきます。

　内容によっては、電話だけで終わらせず、相手のところに出向いてお詫びをすることが必要となってきます。

　相手のところへ出向くことができない時や、わざわざ出向く必要がない場合でも、改めて謝罪の電話をするだけで印象が大きく変わります。こちらが問題を解決したつもりでいても、相手にとってはまだ問題が残っていたり、想定したような効果が出ていないこともあります。それを確認するためにも、**アフターフォローは重要**です。

　また、アフターフォローは、謝罪するためだけに行うのではありません。お客様とコミュニケーションを取りながら問題をきちんと解決する、ひいては自社のファンになってもらうためのものなのです。

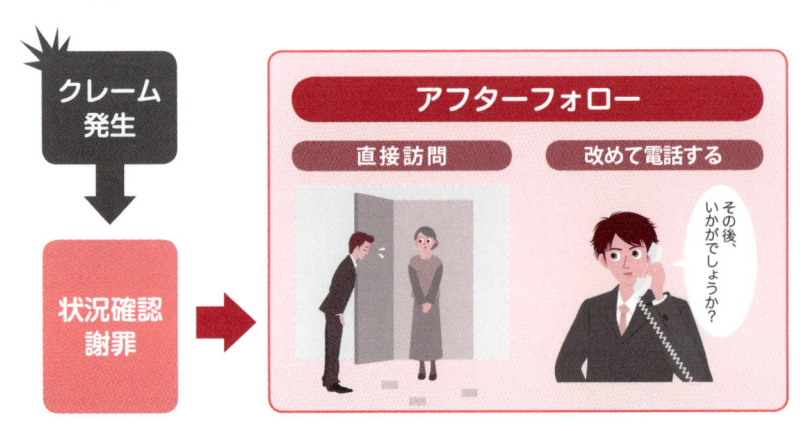

クレーム発生 → **状況確認 謝罪** → **アフターフォロー**
- 直接訪問
- 改めて電話する（その後、いかがでしょうか？）

「わざわざ来なくてもいいよ」と言われたら

謝罪の電話をする時には「すぐにご挨拶に伺いたいのですが……」と、相手のところへ出向く姿勢を見せることが大切です。

しかし、この時、相手から「わざわざ来なくてもいいよ」と言われることがあります。その場合でも、「それでは今回はお言葉に甘えさせていただきますが、近々そちらに伺った時にご挨拶させていただきます」と、相手を訪問したい気持ちがあることを伝え、できるだけ早く伺うようにしましょう。相手によっては「気を遣って言ったのに、本当に電話だけで終わらせて謝りに来ないつもりか」と、気分を害することがあるからです。こちらが原因でクレームやトラブルになったのなら、電話に頼らず直接謝るのが原則です。

会話例　納品が遅れた場合のアフターフォロー

「**先日は弊社からの納品が遅れ、大変申し訳ございませんでした。❶ 今からお詫びにお伺いしようと思うのですが、**❷ まずはお詫びのお電話をさせていただきました」

お客様「いや、いいですよ。私どもの取引先にも納得してもらいましたから。それに、あなたもお忙しいでしょう」

「お気づかいいただきありがとうございます。**それでは、今回はお言葉に甘えて遠慮させていただきますが、近々そちらに伺った時に、改めてご挨拶させていただきます**」❸

お客様「わかりました。それより次の納品をよろしくお願いしますよ」

「承知いたしました。この度は、誠に申し訳ございませんでした」

❶ まずは、こちらのミスで相手に迷惑をかけてしまったことを謝罪します。

❷ 相手に対して直接謝罪をしたいという誠実な応対を示します。

❸ 相手がこのように応対してきたら、無理に伺う必要はありませんが、直接お会いしたい気持ちがあることは伝えましょう。

ワンポイント　自社製品を購入してくれたお客様から電話があったら、「製品の調子はいかがでしょうか」とフォローを。

クレームの内容を記録することで、再発防止につなげる

クレーム処理後の応対と再発防止

上司に報告して再発防止に努める

クレームの電話を受けた後には、必ず上司や関係者に報告しましょう。そうすることで、次のような効果があります。

❶ 同じクレームに素早く応対できる
❷ 同じ問題が生じないよう、再発防止の対策を取ることができる
❸ 問題のある商品やサービスの改善、新商品開発に役立つ

データ化し社内で共有する

クレームの内容は、必ず記録すること。コンピュータにデータを蓄積して、社員同士で閲覧できるようにしておくことも必要です。これによって、同様のクレームへの迅速な対処が可能になり、再発防止に役立ちます。

また、クレームデータの共有化には、重大な過失や悪質な事例を除いて、クレームを社員のマイナス評価にしない制度と社風をつくることも課題となります。

クレームデータの共有＆活用方法

クレーム応対のマニュアルをつくる
クレームに冷静に応対するための基本行動や手順を示しておく。

→

データを保存し管理・活用する
データ保存には右ページの「クレーム応対報告書」を活用し、社員全員が閲覧できるようにしておく。

→

クレーム解決時の応対を決める
「お客様に詫び状を送る」「担当部署から改めて電話を入れる」など、どのようにしてクレーム処理を終了させるのか決めておく。

→

クレーム再発を防止する
クレーム内容を分析し、同じ問題が発生しないように個人・組織レベルの両面から解決方法を考えておく。

クレーム応対報告書の例

クレームを記録するために、フォーマットをつくっておくといいでしょう。

お客様情報

会社名(担当者名)	○×商会（山田様）
住所	千代田区千代田町○-○
電話番号	00-0000-0000
発生年月日	H△年△月△日

→ **お客様情報**（会社名・住所・電話番号など）

クレーム内容

クレーム内容	注文したものと違うものが届いた
お客様の要望	すぐに必要だったのに、適切な対応がなく、不満な様子
事実確認	受付担当者が誤った品番を入力し、誤りに気づいても再度商品を送りなおす際に「至急」としなかった

→ **お客様が何を望んでいるのか**（物的、金銭的、謝罪、改善策の提示など）

→ **クレームの原因・分析**（事実を客観的に分析し、原因は何かを具体的に記入）

クレーム経過

月・日	内容	対応者
10/1	注文受付	鈴木
10/4	お客様より、商品が違っているとの問い合わせあり。正しい商品を送る	鈴木
10/8	お客様より対応が遅いとのクレームあり	岡田

→ **クレーム発生から現時点までの経過・記録**

反省点・改善点

最初に受付した時点で、復唱し、商品に間違いがないか確認すること。また、誤って間違った商品を送ってしまった場合、再度商品を送りなおす際は「至急」で手配するように徹底

→ **処理の過程で得た反省点や改善点など**

ワンポイント 一定期間データを集めたら、それをもとにどのようなクレームが多かったか、原因は何か、解決法などについて分析を。

同じクレームを二度と起こさないために
電話応対の内容を記録する

電話の内容を具体的に記録していく

　電話応対を全社で統一、標準化してマニュアル化しておくと、誰が受けても共通の情報をもとにお客様へ伝えることができます。マニュアルの作成にあたっては、お客様がどのような内容の電話をかけてきたか、その時にこちらはどのような応対、説明をしたか、その結果お客様の反応はどうだったかなど、電話応対の内容を分析・整理しなければなりません。そのための最初のステップが、電話応対を**記録**し、それを社員で**共有**する仕組みをつくることです。

　その際、漠然と記録するだけでは、電話応対の統一には結びつきません。たとえば、「撮影モードの切替についての問い合わせが多い」「パソコンに画像を取り込むと、色調が暗くなるとの指摘が頻繁にある」など具体的に把握できるよう、「この質問にはこのように回答する」と社内で均一化できるようにしましょう。

こちらの応対内容や相手の様子も記録する

　クレームなどマイナスのイメージがあるものは、記録を残さずに内々で片づけがちです。しかし、きちんと記録しておけば同じようなクレームが起こらないように社内で工夫することができます。応対記録を共有化していれば、似たようなクレームがあった時によりスムーズに応対することも可能です。

　内容を記録する際には、こちらが話した内容もしっかり書いておくことが大切です。さらに、お客様の様子や話し方のトーンについても記しておくといいでしょう。それによって「どのような回答で納得してもらったか」「こんなことを言ったら、相手が気分を害した」など、今後の応対の参考になるからです。

電話応対記録の例

問い合わせについて

❶ **受付日時**：○年○月○日（○）○時○分

❷ **担当者**：○○○部○○○課　○○○○

❸ **お客様について**：女性（20代くらい）

❹ **問い合わせ内容**：パソコンにカメラの画像を取り込むと画像が暗くなるのだが、カメラの不具合ではないのか？

❺ **回答内容**：パソコンのモニターの設定によって暗く見えることがあることをお伝えした。パソコンのモニターの設定方法についても、一般的なものを説明。合わせてお客様のパソコンのマニュアルもご確認いただくようにお願いした。

❻ **お客様の様子**：不具合ではないことをご理解いただいた。

クレームについて

❶ **受付日時**：○年○月○日（○）○時○分

❷ **担当者**：○○○部○○○課　○○○○

❸ **お客様について**：○○○○様（35歳・男性）

❹ **発生日時**：○年○月○日（○）

❺ **連絡先**：TEL ○○-○○○○-○○○○

❻ **内容**：ウォーキングシューズ（商品No. 1234-1）を別の色の商品（商品No. 1234-2）と交換するため、当該商品を当社に返送したが、代わりの商品が1ヵ月経っても送られてこない。

❼ **応対内容**：こちらの不手際を謝罪。本日夕方5時までに状況を確認してご連絡する旨を伝えた。

❽ **お客様のご様子**：かなりご立腹。折り返しご連絡することで納得していただいたが、まだ不満があるご様子。

❾ **その後の行動**：
　○月○日○時○分：配送係に状況を確認し、明日代わりの商品を発送する旨をお客様にご連絡。

ワンポイント　「お客様のご様子」以外の項目は、自分の主観を入れずにお客様の話を正確に記録してください。

頻繁にくる問い合わせからニーズを探ろう
記録を分析して活用する

データは分析しなければ活用できない

会社には1日に何百本、何千本もの電話がかかってきます。これら大量の電話応対記録をただ漫然と並べていても、そこから「お客様からどんな問い合わせが頻繁にあるのか」を読み取ることは難しいでしょう。

そこで、全社から収集した電話応対記録を分析して、お客様のニーズや商品、サービスの問題点などを洗い出す作業が必要となってきます。手間と時間がかかる作業ですが、お客様の声をきちんと分析しなければ、いくら応対記録を集めても宝の持ち腐れにしかならないのです。

そして、分析を行った部署は、責任持って結果を全社に**フィードバック**することです。分析にあたった部署が結果を自分たちで持ったままにして、それを必要としている関連部署と共有していないことがあります。イントラネットなどを利用して、**全社で共有する仕組み**を整えることが重要です。

具体的な行動を取りやすいフィードバックをする

分析結果を全社に公開する際は、結果の概要だけではなく、**必ず具体的な電話応対の内容**、つまり**お客様の声**をいくつか選んで一緒にフィードバックしてください。

仮に「商品Aに対するクレームが全体の37％にのぼった」とだけを公開しても、それに対して具体的な提案や効果的な指示を出すことは困難です。この分析結果だけでは、「クレームを減らしなさい」「クレームの理由は何か報告しなさい」程度のことしか言えないでしょう。

「商品Aに対するクレーム」として、「電源を入れてもなかなか動作しない」「電池カバーが開けにくくて、力を入れたら壊れてしまった」などの実際の声を添付することによって、「電気系統を見直そう」「電池カバーの形状を改善しよう」と具体的な行動に結びつけることができるのです。

電話応対の分析・共有化の手順

お客様の声を収集する

1. 電話応対を記録する
2. 電話応対以外のデータを記録する
（メールでの問い合わせやアンケート結果、営業部からの報告など）

⬇

統計

クレーム内容／問い合わせ内容／注文内容／お客様の意見　など

⬇

分析

お客様のニーズ・傾向／商品・サービスの問題点
会社・社員の問題点　など

⬇

関連部署へのフィードバックと具体的な行動

- 商品・サービスの改善
- 新商品・新サービスの提案
- 既存のお客様への新たな営業提案
- 新規のお客様の開拓
- 電話応対も含めたお客様対応のスキルアップ
- 会社の体質改善・社員の意識改革　など

ワンポイント　分析結果にはグラフや表など一目でわかる工夫も必要。それに具体的なお客様の言葉をプラスしていきます。

クレームには、サービスや商品の改善点がたくさん含まれている

電話応対の記録は社内で共有する

お客様からの電話には貴重な情報が含まれている

　お客様からの問い合わせや意見、クレーム、それに応対した現場の声には、商品やサービスを向上させるための**貴重なヒント**が含まれています。

　たとえば、「取扱説明書に操作方法が書かれているけれど、ちょっとわかりにくい」との問い合わせがたくさんあれば、応対の際に操作方法をわかりやすく説明するにはどうしたらよいかを考える必要があります。同時に、取扱説明書の内容もお客様が理解しやすい文章に変えるべきだと気づきます。クレームは、ネガティブに捉えるのではなく、商品を改善させるための指摘だと視点を変えてみましょう。

　また、その時はお客様のニーズに即していなかったので、結果的に受注に至らなかったとしても、そのデータをもとにお客様の相談にのったり、ニーズを満たすための提案をすることもできます。

　お客様の電話を会社全体でどのように受け止め、商品やサービスのクォリティアップにつなげていくか、そのための体制づくりが重要なポイントになります。

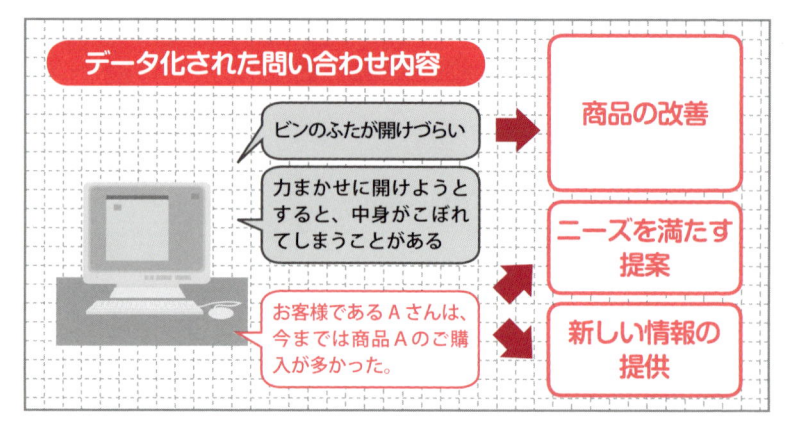

データ化された問い合わせ内容

- ビンのふたが開けづらい
- 力まかせに開けようとすると、中身がこぼれてしまうことがある
- お客様であるAさんは、今までは商品Aのご購入が多かった。

→ 商品の改善
→ ニーズを満たす提案
→ 新しい情報の提供

現場の提言や意見を上司へ報告する仕組みを

　電話応対記録を共有することは、非常に有効な手段といえます。それによって、他部署の社員やお客様と直に電話応対をしていないリーダークラスの人でも、現場でどのような問題が発生しているか、お客様がどんな要望を持っているかなどを把握することができるからです。

　しかし、ただそれを社員全員が見られるようにするだけでは十分とは言えません。お客さまからいただいた意見や要望を商品やサービスの改善に結びつけるために必要な仕組みは何かを検討し、それを実行してくことが大切です。

　それに加えて、電話内容だけではなく、現場の社員でないと気づかない問題点や提言、意見なども積極的に上司に報告する必要がありますし、それがスムーズに行える体制をつくらなければなりません。

　クレームや苦情など、ネガティブなものや自分にとって都合の悪いものにふたをしてしまうことがないように、組織の体質を変えていくことも求められます。

　お客様からの電話を有効活用できるシステムづくりは、社内全体で取り組むべきことなのです。

✓check お客様からの電話を活かす体制づくり

❶ お客様をファンにするような電話応対のマニュアルを整備する

❷ 電話だけでは処理できない問い合わせやクレームに迅速に応対できる体制を整える

❸ クレームを隠したり、握りつぶすことのない社内体質をつくる

❹ お客様からの電話を、今後の商品開発やサービス向上に結びつけられるようなシステムを構築する

❺ お客様からの電話データを上司などへ定期的に報告する体制、または会社全体として共有できる体制をつくる

❻ 電話の応対をすることで社員のスキルアップも可能

ワンポイント　クレームや問い合わせの情報だけでなく、「営業の○○さんが○○をしてくれて役立った」などの情報も共有するといいでしょう。

誰が応対しても、同じ内容を答えられるようにする
会社の応対を統一する

応対がバラバラだと不信感を与える

たとえば、あるカメラについて販売元のメーカーに問い合わせをした時、カメラは初心者だと説明したら、最初に電話応対した人は「趣味で写真を撮るなら別のカメラのほうがお勧めです」と答えたとします。でも、別の人に電話を代わると「素人でもプロのカメラマン顔負けの写真を撮ることができる機能が満載です」と説明されたとしたら、どちらの話を信頼したらいいか迷ってしまいます。

電話応対した人によってお客様への提案する商品が変わってしまうと、**不信感**を与えてしまい、会社の**イメージがダウン**してしまいます。

▼最初に応対した人

う〜ん

このカメラは値段が高いし、機能もプロのカメラマンしか使わないようなものが多いので、趣味で写真を撮るなら別のカメラのほうがお勧めです。

▼次に応対した人

素人でもプロのカメラマン顔負けの写真を撮ることができる機能が満載です。
少々お値段が張りますが、それだけの価値がありますよ。

マニュアルを作成して有効に活用する

また、**お客様によって応対を変えることも厳禁**です。相手によって態度を変えると、会社の良識を疑われてしまいます。

こうしたことを防ぐために、お客様からの電話に対する応対内容をマニュアル化し、全社で統一しておくことが大切です。

マニュアルには、代表的な問い合わせとそれに対する答え方、商品の説明方法、クレームへの応対などをわかりやすく記しておきましょう。また、自分たちでは答えられない問い合わせがあった場合、どの部署に取り次いだらいいのかも記しておくといいでしょう。

統一化したい内容（例）

- 商品の種類・特徴・説明方法
- 商品の発注業務（発送にかかる日数・在庫数など）
- よくある問い合わせとそれに対する回答・説明
- クレームへの基本応対（取り次ぐ部署など）
- イレギュラーな質問に対する取り次ぎ部署
- 新製品に関する情報（発売日・特徴）　など

応対マニュアルの作成例

商品説明　（デジタルカメラの場合）

1. 商品A（○年○月発売　価格○○円）

商品の特徴	1. 高画質（1200万画素）
	2. 広角 28 mm
	3. 小型・軽量化を実現
	4.
	5.
	6.
	7.
よくある問い合わせとそれに対する説明内容	1. 同梱されている充電池の充電時間はどのくらいか [説明] 約2時間
	2. [説明]
	3. [説明]
その他	● ●

商品の特徴と説明方法
その商品の特徴とその説明方法を社内で統一しておき、お客様に伝える内容に偏りがないようにします。

よくある問い合わせとそれに対する説明内容
応対記録の蓄積から、よくある問い合わせとそれに対する説明内容をまとめておきます。そうすることで、応対する人も調べる時間を省け、相手を待たせることなく、すぐに答えることができます。

> **ワンポイント**　頻繁に問い合わせがある新商品の説明などは、あらかじめ原稿にして関係者に配布しておきましょう。

会社全体で顧客応対に取り組む
売り上げアップにつなげるには

電話応対が売り上げに影響するケースも

　近年、お客様の消費行動は変化しています。企業が商品をつくれば、黙っていてもお客様が買ってくれた時代ではありません。性能が良くて価格が安いコストパフォーマンスにすぐれた商品であっても、顧客が納得しなければ市場では受け入れられないのです。

　長年おつきあいのあるお客様も、問い合わせやクレームにすぐに応対できないと、他社の商品にスイッチしてしまいます。つまり、電話応対も売り上げに影響するのです。たとえば、クレームに素早く的確に応対できれば、お客様はまた商品を購入してくれるかもしれません。反対に、受注電話で商品名や個数、納期などを聞き間違えてしまうと、場合によっては今後の取り引きにも支障が出ることがあり得ます。

　電話応対は、単なる取り次ぎ業務ではなく、お客様とのコミュニケーションの場です。電話に出た第一声のトーンは会社のイメージを決めてしまいますし、電話での受け答えがクレームに発展し、それが原因で商品受注のチャンスを逃してしまうこともあるのです。

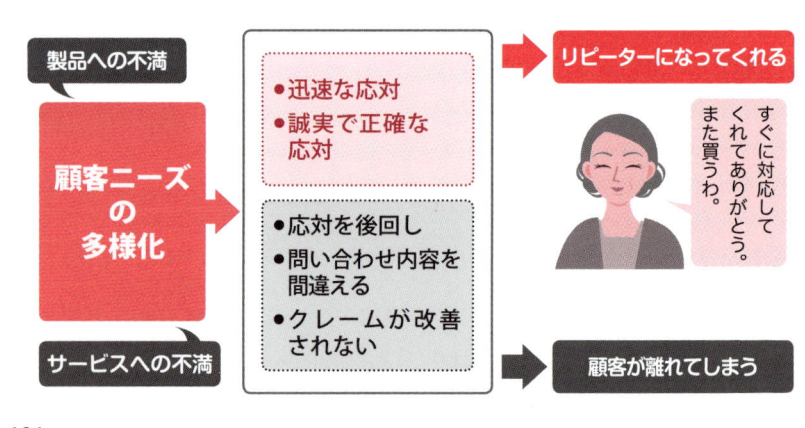

製品への不満	● 迅速な応対 ● 誠実で正確な応対	→ リピーターになってくれる 「すぐに対応してくれてありがとう。また買うわね。」
顧客ニーズの多様化		
サービスへの不満	● 応対を後回し ● 問い合わせ内容を間違える ● クレームが改善されない	→ 顧客が離れてしまう

全社で電話応対の質向上を目指すべき

　今では、取引先との連絡や商品の受発注にメールやウェブが利用されていますが、電話とインターネットとの違いは、**会話をしながらお客様の生の声を聞くことができる点**にあります。疑問点があったり、もっと詳しく話を聞きたいと思えば、その場で質問して内容を深めたり広げたりすることが可能です。そのようなメリットを生かしてお客様の要望に応えられるようにすることが重要です。

　しかし、実際の電話応対では予期しなかったことがしばしば起きます。相手の声が聞き取りにくい、電話に出たら相手がいきなり怒鳴りだした（実はクレームの電話だった）、など、定型通りにいかないケースがたくさんあります。

　本来は、一人一人が経験を積み重ねて応対のノウハウを取得していくものですが、お客様の消費行動は変化しており、たった一度の電話応対の不備が原因で、他社の製品に乗り換えられてしまうこともあるのです。電話応対を会社の成長に結びつけるためには、個人が電話応対のスキルを磨くだけでは十分とは言えません。会社全体で**電話応対をマニュアル化**し、やり取りがスムーズに進められるような体制をつくる必要があります。

やり取りがスムーズに進められるような体制

- お客様
  - 親切でわかりやすい丁寧な応対
  - お客様へのフォロー・再アプローチ
  - お客様からの情報も得やすくなる

会社全体で統一化

得られた情報は、正確に記録。それを分析して全社で共有

- 問い合わせ内容によって担当部署を明確にしておく
- クレームへの応対マニュアルを統一しておく
- 受注電話に応対するための情報を統一しておく

> **ワンポイント**　ある企業では、お客様から問い合わせの多かった内容を軸に「品質向上委員会」を設置。顧客満足度向上に貢献しています。

こんな時はどうする？ トラブル対処方法

トラブル1　「社長を出せ！」と言われた

☐ 「どのような内容か具体的にお聞かせいただけますでしょうか？　その上でしかるべき担当者におつなぎいたします」

ポイント　相手が「社長を出せ」と言っているからと、すぐに取り次ぐのは応対としては間違いです。場合によっては、ただ感情的になっているだけであったり、こちらを困らせようとしていることもあるからです。どんな場合でも、用件をきちんと聞き出してから適切に対処するのが電話応対の基本です。単に「社長には取り次がないことになっております」と断るだけだと、「自社の都合を押しつける」「高圧的な態度」と受け取られて、態度を硬化させてしまいます。

トラブル2　電話が長くなりそうな時

☐ 「担当者に相談したいと思いますので、30分後にこちらからご連絡を差し上げたいのですがいかがでしょうか？」

ポイント　電話が長引いてしまうと、料金をお客様が負担しなければなりません。また、長い間待たせると、相手はさらにヒートアップします。折り返し電話にして時間をおくことによって、お客様を落ち着かせることができ、こちらも対応策を考えることができます。必ず「○分後に」「夕方5時までに」と、電話をする時間を具体的に告げましょう。

もし約束の時間までに状況の確認ができなかったり、解決策が提示できなかったとしても、必ず電話をしてその時点での状況を報告します。

Chapter 8

電話応対に活かせる話し方・聞き方のマナー

声は、はっきりとメリハリを

電話で話す時と会って話す時の違いとは

電話での会話の特徴と注意点

　電話応対では相手にこちらの姿が見えませんし、こちらも相手の顔を見ることができません。そのため、コミュニケーションは**声のトーン**や**言葉**だけに頼ることになります。相手の表情で気持ちを察することができないので、悪気はなくても誤解されることもあります。

　しかし、姿が見えないことが効果的なケースもあります。たとえば、怒っている時や言いづらいことを伝えなければならない時には、相手の表情やしぐさが見えない分、落ち着いた気分で話に集中できる人も多いようです。

　ただし、謝罪を電話で済ませるのはマナー違反です。たとえ言いづらいことであっても、お詫びの言葉は対面で伝えるようにしましょう。

対面で話すときの特徴と注意点

　対面で話す場合は、相手の表情やしぐさによって相手の気持ちを想像することができます。たとえば、「しょうがないですね」と言う時でも、笑顔で言えば、多少あきれてはいても怒ってはいないとわかります。逆に難しい顔で言えば、明らかに怒った様子が相手に伝わります。

電話で話す時と会って話す時の特徴

	電話で話す時	会って話す時
特徴	声のトーンや言葉遣いだけで印象を判断されてしまう。	表情やしぐさが印象を大きく左右する。
メリット	落ち着いて話せる。	表情が見える。
デメリット	表情が見えないので、誤解されることも。	相手の調子に飲まれてしまう。

このように、表情やしぐさなどで、見た目の変化をつけやすいのが対面での会話です。特にしぐさや態度などのボディランゲージは、耳だけではなく視覚にも訴えるため、話にメリハリをつける際に効果的に使うといいでしょう。話の内容を強調したい時には、**身振りを大きく**します。それに合わせて、**表情も変える**とより効果的です。

　しかし、ボディランゲージが過剰になると、聞いている人が話に集中できなくなったり、煩わしく感じたりします。また、同じしぐさが続くと機械的なイメージを与えたり、「無理してやっている」と思われたりするでしょう。

電話でも対面でもポイントは「声」

　電話応対の時だけではなく、会って話をする際にも**声の強弱、トーン、メリハリ、話すスピード**などは重要です。自分では気づきにくいものですから、留守番電話などに録音して、次の点をチェックしてみてください。

声の強弱
- 声が小さくぼそぼそとしていないか
- 声が大きすぎないか
- ずっと同じ大きさで話していないか

声が小さい人は、話を強調したい時に大きな声を出すように、声が大きい人は、時々小さな声で語りかけるようにするとメリハリが出ます。

声のトーン
- 高すぎてキンキンしていないか
- 声がこもっていないか

人間の声はいろいろな音域を出すことができます。最初は「これ以上低い声は出ない」と思っても、意識的に低い声を出しているうちに次第に出るようになります。高い声を出すのも同様です。

話すスピード
- 早口になっていないか

話の中で強調したいところ、重要な部分、固有名詞などを言う場合には、はっきり、ゆっくりした口調で話すといいでしょう。

ワンポイント　「話すのが苦手」という人は、まず笑顔で挨拶することを心がけてください。好感度が高くなります。

表情、態度に気をつけ、聞き取りやすい声で話す

話し上手になるために

言葉の前に、まず表情や態度から

　話し方を身につける前に、まず「**話したい**」と思わせる人になることが大切です。「**一緒に話すと楽しそう**」と感じてもらえるような印象をつくることから始めましょう。

　また、そう思わせる要素は表情だけとは限りません。その人の態度、歩き方や座り方、しぐさ、香水などの匂い、服装や持ち物なども影響を与えます。TPOをわきまえた、清潔感のある服装を心がけるといいでしょう。

　表情や態度は、見た目の印象だけでなく声や話し方にも表れます。だらしなく座っていると、だらしない声が出てしまい、ふんぞり返って座っていると、高圧的な物言いになりがちです。注意しましょう。

相手に話したいと思わせる要素

●顔の表情

イライラした表情の人に話しかけようという人はいません。笑顔が基本です。

●態度・しぐさ

だらしなく座ったりふんぞり返ったりしていると、話し方にも表れるので注意。

●服装

TPOをわきまえた、清潔感のある服装を心がけましょう。

やわらかい声でゆっくりと話す

　早口で話されたり、声がこもってはっきりと聞き取れなかったり、語尾があいまいだったりすると、聞いている人はイライラしてしまいます。相手が話に耳を傾けてくれるよう、**聞き取りやすい話し方**を身につけましょう。

話に耳を傾けてもらうためのポイント

●意識してゆっくり話す
　緊張すると、自分が思っている以上に話すスピードが速くなるものです。「少しゆっくりかな」と感じるくらいがちょうどいい速さだと言えるでしょう。

●口を大きくあけて、はっきりと話す
　声がこもってしまう人は、口を大きく開けていないことが多いようです。指が2～3本入るくらいの大きさに開けて、頭から響くように話してみましょう。はっきりと聞き取りやすく、しかもやわらかい声を出すことができます。

●語尾をはっきりと聞き取りやすく
　語尾がはっきりしないと聞いている人がイライラしてしまいます。自分の言葉を正確に相手に伝えるためにも、語尾まできちんと話すことを心がけましょう。
　しかし、語尾をはっきりさせようと力を入れすぎてしまうと、きつい感じや断定的なイメージを与えてしまいます。きちんと発音しながら、同時に息は少しだけやさしく吐くようにすると、ソフトな話し方になります。

気持ちを込めて話す

　相手が何を言ってほしいかを考えて、それを言葉に込めてみましょう。相手が「楽しみたい」と思っていると感じたら、口調も元気に。「慰めてほしいのだ」と感じたら、慰める言葉を並べる前にその気持ちを声のトーンやスピードで表すようにします。

> **ワンポイント**　美しい話し方と礼儀正しさは切り離せません。たとえば、丁寧にお詫びしても頭を下げていなければ「心から謝ってはいない」と思われます。

プラスの言葉、共感を表す言葉を使う

会話がはずむ言葉選び

プラスの言葉をたくさん使おう

「否定的な言葉を使う人は、あまり幸せにはなれない」と言う人がいます。それが正しいかどうかはわかりませんが、言葉が人の心に与える影響は想像以上に大きなものです。

何かにチャレンジしようと思っても、「私には無理かなあ」と心の中でつぶやいただけで、本当にうまくいかなくなってしまうことがあります。そうすると、苦手意識が生まれてしまい、同じことに再チャレンジするとまた失敗してしまう——と悪循環に陥ってしまうのです。

会話をしている時にも同様のことが起こります。ネガティブな言葉を使う人、マイナスに反応してしまう人は、相手を嫌な気持ちにしてしまいます。マイナスの反応は、愚痴にも結びつきやすいので注意が必要です。

逆に、プラスに反応できる人には好感が持てますし、話題もどんどん広がっていくでしょう。相手も良い気持ちで話ができるはずです。

プラスの言葉をたくさん使って、会話をはずませることが大切です。「この人と話していると楽しい」と思ってもらえるような会話を心がけてください。

プラスの言葉とマイナスの言葉

相手「この企画、面白いね」

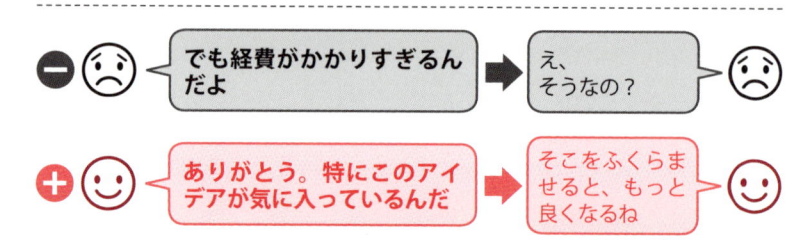

- ☹ ← でも経費がかかりすぎるんだよ → え、そうなの？ ☹

+ ☺ ← ありがとう。特にこのアイデアが気に入っているんだ → そこをふくらませると、もっと良くなるね ☺

相手 部長の発表した新プロジェクト、すごい計画だね

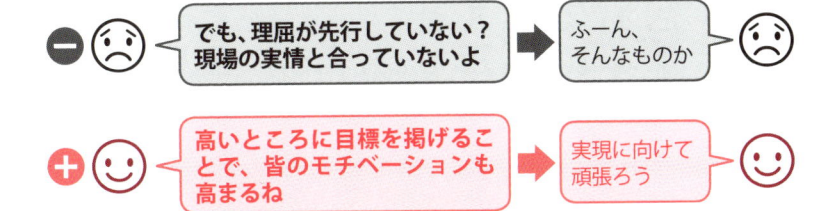

- ☹ ← でも、理屈が先行していない？現場の実情と合っていないよ → ふーん、そんなものか ☹
- ☺ ← 高いところに目標を掲げることで、皆のモチベーションも高まるね → 実現に向けて頑張ろう ☺

共感を示そう

　クレーム応対の場合には、感謝、謝罪とともに共感を示すことがポイントだと書きましたが、普段の会話でも共感がキーワードになります。

　共感を示す一番簡単な言葉は、相手と同じ言葉を投げ返すことです。たとえば、セミナーを受講した後で「このセミナーを受けてやる気が出たね」と言われたら、「ほんと、やる気が出たね」と投げ返すことで、共感を示すことができます。

　相手は議論をしたいわけではないので、否定的な言葉は、よほどのことがない限り使わないほうがいいでしょう。また、すぐに自分の言いたいことをしゃべり出してしまうのもNGです。相手は「私の話は聞いていないのね」と感じてしまいます。相手が何を言ってほしいかを考えることが大切です。

相手 このセミナーを受けて、やる気が出たね

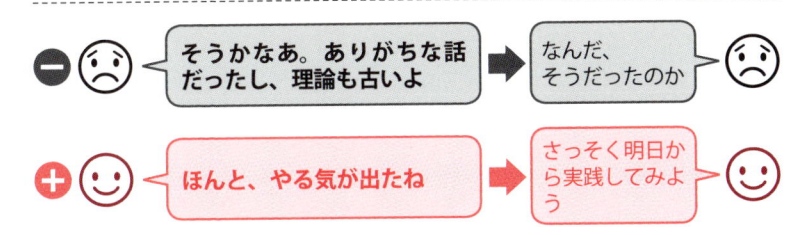

- ☹ ← そうかなあ。ありがちな話だったし、理論も古いよ → なんだ、そうだったのか ☹
- ☺ ← ほんと、やる気が出たね → さっそく明日から実践してみよう ☺

ワンポイント　「この前、○○社長と名刺交換したんだ」「へ〜、すごいね」というように相手の話を即座に肯定すると好感を持たれます。

Key Phrase ＞ 私は〇〇だと考えているのですが、いかがでしょうか？

自分の考えを上手に表現する方法

裏付けを持って自分の考えをきちんと伝える

　自信を持って自分の考えを言うためには、考えの根拠や原因などの裏付けをきちんと持つ必要があります。そのためには、日頃から**自分はそれについてどう思うか**を考える習慣を持つことが大切です。何となく「良いと思う」と考えるのではなく、「どうして自分はそう考えるのか」まで掘り下げていく癖をつけるといいでしょう。

　根拠を聞かれて「どこの会社もやっています」など無責任な答えをするのはＮＧ。あくまで「自分がそう考える理由」を説明することです。

　また、「たぶん〜だと思います」「〜ではないでしょうか」などあいまいなフレーズも使わないこと。ビジネスでは正確さが求められますから、聞く人によって違う意味に捉えられやすい言葉は避けましょう。

提案型でやんわりと主張

　プライベートなら、自分の意見はあえて言わず相手に合わせても大きな問題にならないこともあります。しかし、ビジネスの場では**自分の意見を正確に伝えなければなりません。**

　相手がお客様や上司の場合は、「自分の意見が絶対に正しい」と感じさせる主張は、反感を買う場合もあります。「それについては、私は〇〇だと考えているのですが、いかがでしょうか？」と提案するような話し方にするといいでしょう。

　ストレートに主張すると、たとえ意見が正しくても、「時期尚早」「予算不足」などで受け入れられないこともあります。その場合にも、この提案型の伝え方を利用します。「〇〇さんのご意見はよくわかります。たとえば、〇〇のように考えてみるのはいかがでしょうか？」と方向性を変えて主張してみるのです。

また、ミーティングや会議で意見交換が活発に行われると、時には意見が対立することもあります。その場合は、自分の意見を主張するだけではなく、相手に歩み寄る姿勢を見せることも必要です。
　相手の意見に同意できる点を述べながら、自分の主張を伝えていく方法です。相手の意見を踏まえた上で、自分の考えをアピールしていきましょう。

フレーズ例　提案や主張をする時

- □「それについては、私は○○だと考えているのですが、いかがでしょうか？」

- □「○○さんのご意見はよくわかります。たとえば、○○のように考えてみるのはいかがでしょうか？」

- □「○○さんからご指摘のあったパッケージのデザイン見直しについては、私も同意見です。それでも旧来からのファンを裏切らないよう、変更は最小限にとどめるべきです」

- □「○○さんのおっしゃるように、売価は変更したほうが良いと思います。ですがサービス内容は変えるべきではないと思います」

論理的＋感情に訴える

　自分の意見を説明する時は、理由や裏付けとなるデータなどを出しながら論理的に話すことが求められます。
　しかし、人間には事実ではなく感情で動く面もあります。説明内容の中に「こうなったら良いですよね」と、**聞き手もわくわくするような**事例などを交えると説得力が増します。身近な人の体験談などで説得力のあるものがあれば、それも伝えましょう。

（吹き出し）これはお値段は多少張りますが、大変性能が良い商品です。

ワンポイント　言いたいことがたくさんある時、「あれも」「これも」と話すと逆効果。最大3つのポイントに絞って伝えましょう。

相手の話を聞くことで信頼関係を築く

話し上手より聞き上手に

聞き上手は信頼される

人は、話を聞いてもらうと、「この人は私を受け入れてくれた」「存在を認めてくれた」と感じて好意を持ちます。また、好意を持っている人が言う話は信頼しやすく、その人のお願いなら積極的に応えようとします。

たとえば、トップセールスマンが売り上げを上げるコツも、「**相手の話をよく聞くこと**」だと言われています。聞くことは、人間関係を築くためにもビジネスを成功させるにも重要なカギになるのです。

●話を聞く時のポイント

1 メモを取る

ビジネス上の会話では聞き逃したり聞き間違えたりしてはいけない重要な話が出ます。後で「言った」「言わない」のトラブルを防ぐためにも、メモを取ることは重要です。また、相手が話の中で強調したこともメモしておきましょう。
メモを取ることは、「真剣に聞いています」と相手に示す効果もあります。ただし、メモを取ることに集中してしまい、話を聞くことがおろそかになると逆効果です。時々顔を上げて、相手の話を聞く姿勢を表しましょう。

2 うなづく

相手の話を聞いていることを表すボディランゲージです。うなづくことで、相手に「話を聞いてくれている」という安心感を与えます。ただし、あまり頻繁にうなづくと、「聞いているというポーズを見せているだけでは?」と思われて逆効果です。

3 あいづちをうつ

話に驚いた時や感心した時、感動した時などには、「そうなんですか?」「なるほど」「それはすごいですね」とあいづちで伝えます。あいづちをうちながら話を聞くと、相手が気分を良くしてどんどん会話が進みます。

4 視線を相手に注ぐ

相手を見ながら話に耳を傾けると、聞いている姿勢を見せるだけでなく、話に集中することができます。

5 適度に質問をする

質問をすることによって、より詳しい情報を引き出すことができます。効果的な質問を重ねることで、相手が改めて自分の考えやニーズに気づくこともあるのです。相手が自由に考えを話すことができるオープン質問、「イエス」「ノー」で答えることができるクローズ質問を交えて聞いていきましょう。

●相手の話を聞く時これは NG!

1 相手の話を遮る

相手が「昨日、○○部長に会ったの」と言うと、話を最後まで聞かずに奪い取って「○○部長ってさ、1年前に……」と自分の言いたい話題に持っていってしまう人。「この企画を提出しようと思うんだけど……」と話すと、「やめなよ。この前もダメだったでしょう」と話の腰を折る人。こういう人は意外と多いのですが、話を途中で遮ったり、自分の考えを押しつけたりすると、相手は話す気を失ってしまいます。

2 相手の話を否定・非難する

相手と意見が合わない時に、間違っていると決めつけて「それはおかしいですよ」と言うと、感情的な対立になりかねません。「それはわかります。でも、私としては……」と、いったん相手の話を受け入れてから反対意見を述べるようにしましょう。

3 質問しても相手の答えを待たない

相手がなかなか答えないからといって、勝手に次の質問に移ると相手は答える気をなくしてしまいます。

> **ワンポイント** 相手が話しやすい雰囲気をつくることも大切です。穏やかな態度で、表情も豊かに話を聞くようにしましょう。

あいづちや質問をすることでスムーズな会話になる

目上の人との会話術

「目上の人とどう接したら良いかわからない」と悩んでしまう人も少なくありません。特に、新入社員のように年上の人と接した経験が少ないと、戸惑うことも多いでしょう。

しかし、ビジネスの場では上司もお客様も大半が目上の人です。マナーや気配りを怠らず、目上の人ともスムーズに会話することができるようになれば、自分の見識も広がり、成長にもつながるでしょう。

マナーと敬語をしっかりと身につけよう

まず、**積極的に笑顔で挨拶**をしましょう。「話しづらいから」と挨拶をしないで避けてしまうのは、最も良くない応対です。「おはようございます」「いつもありがとうございます」と自分から話しかけることで、「つきあいづらい」「緊張する」という気持ちが消えていくこともあります。

また、目上の人と話す時に注意したいのは、敬語の正しい使い方です。友だち同士なら通用する話し方も、ビジネスの会話としては不適切なものがたくさんあります。日常的な表現も敬語にして話すことが求められます。

おはようございます

ちょっとした言葉も敬語やビジネス用語に

場所	「これ」➡「**こちら**」 「それ」➡「**そちら**」 「どれ」➡「**どちら**」
期日	「今日」➡「**本日**」 「昨日（きのう）」➡「**昨日（さくじつ）**」 「明日（あした）」➡「**明日（みょうにち）**」

時間・程度	「少し」「ちょっと」➡「**少々**」 「今」➡「**ただいま**」 「さっき」➡「**さきほど**」
その他 （漢語表現にするもの）	「確かめる」➡「**確認する**」 「買う」➡「**購入する**」 「送る」➡「**送付する**」

ソフトな表現を使う

　ビジネスの会話は事務的なものが多いのですが、特に否定形や命令形はきつい感じ、失礼な印象を与えてしまいます。**ソフトな言い方**に変えましょう。

ちょっとした言葉も敬語やビジネス用語に

否定形	「できません」➡「**できかねます**」「**いたしかねます**」 「わかりません」➡「**わかりかねます**」
命令形	「書いてください」➡「**書いていただけますか？**」 「ご連絡をください」➡「**ご連絡をいただけますか？**」

常に相手を立てるのを忘れずに

　目上の人の話を聞く時には、相手が気分良く会話できるように常に一歩下がった態度を崩さずに、相手を立てることを忘れないようにしましょう。また、その際に「**それはすごいですね**」「**さすがですね**」「**そんなことがあったんですか**」「**驚きました**」など、相手の話に対するリアクションを声に出して示すと、「話をちゃんと聞いている」ことが伝わるだけではなく、話題を広げていくことができます。

　あいづちだけではなく、質問を入れるとさらにスムーズにコミュニケーションができるようになります。そして、「自分の話も聞いてくれたのだから……」とこちらの言うことにも耳を傾けてくれるようになるでしょう。

ワンポイント　目上の人の話を聞く時には、「〇〇課長にぜひ教えていただきたいことがあるのですが……」と、相手を立てることを忘れずに。

Key Phrase お忙しいところ申し訳ないのですが……

上手な話の切り出し方

頼み事をする時は、気遣いの言葉を

　忙しそうにしている人に、どうしても仕事を頼みたいという時、なかなか言い出せないことがあります。こういう場合には、まず相手を気遣う気持ちを表し、申し訳ないと思う気持ちを示します。

　取引先への依頼についても、恐縮な気持ちを示して依頼するなど、**相手を思いやった表現**を使うといいでしょう。

相手に頼みごとをする時

☐ **「お忙しいところ申し訳ありません。今、お手すきのようでしたら、どうしてもお願いしたいことがあるのですが、よろしいでしょうか」**

☐ **「急なお願いで申し訳ないのですが、○○をしていただけると嬉しいのですが、いかがでしょうか」**

取引先に仕事を依頼する時

☐ **「本日はお願いがあって参りました」**

☐ **「大変恐縮ですが、○○していただけませんでしょうか」**

人を注意する時は、冷静に話す

　注意することや間違いを指摘することは、感情的に怒ることとは違います。相手に問題点を改善してもらうため、冷静に会話をしなければなりません。感情的になって注意すると、相手には「怒られた」というイヤな感情しか残らないのです。注意する前に、**穏やかに話を切り出すことが重要**です。

相手に注意・指摘する時
- 「○○の件で話があるのですが、少し時間をいただけますでしょうか」
- 「申し訳ないのですが、少し聞いていただきたいことがございます」

反論を切り出す時はクッション言葉から始める

　ストレートに反論を切り出すと、感情的にこじれて話し合いにならないことも考えられます。そのような時は、**クッション言葉**を使いましょう。
　たとえば、上司やお客様から叱責され、それが事実と違っていた場合、いきなり「そうじゃありません」と目上の人の言い分を否定・非難するのではなく「お言葉を返すようですが、それは○○です」といった、クッション言葉を利用するとスムーズに切り出せます。
　また、反論する場合に、もう一つ有効な切り出し方が「**イエス・バット方式**」です。「○○さんのおっしゃることはごもっともです（イエス）。ただ、別な見方もあると思うのですが……（バット）」と、いったん相手の意見を受け入れてから、自分の意見を続けます。「イエス」の後につなげる接続詞は、ソフトな表現にするために逆接は避けた方がいいでしょう。

反論を切り出す時のクッション言葉
- 「恐れ入りますが」
- 「勝手を申し上げますが」
- 「失礼だとは思うのですが」
- 「偉そうなことを申し上げるようですが」
- 「差し出がましいようですが」
- 「生意気かもしれませんが」
- 「お言葉を返すようですが」
- 「ご指摘はごもっともですが」

打ち合わせで本題を切り出す

　商談や打ち合わせで他社を訪問した場合、いきなり本題に入らず雑談で緊張を和らげます。いざ本題に入る時には「**ところで**」「**早速ですが**」「**本日お伺いしましたのは○○の件ですが……**」と切り出しましょう。

> **ワンポイント** お客様から「ちょっと値段が高いよね」と言われたら、「そうですね」と受けて、「実は、その点については……」と切り出します。

Key Phrase 申し訳ございませんが、次の予定が入っておりまして……

スムーズな話の打ち切り方

打ち合わせを切り上げる時には

　社外の人との大切な打ち合わせが長引いてしまい、次のアポイントに遅れそうな時、どのようにして切り上げたらいいでしょうか。

　そのような時は、次の予定に遅刻するのもマナー違反になるので、**正直に状況を伝えて切り上げる**のがベストです。

　「申し訳ございません。15時から別件で打ち合わせが入っておりまして……、よろしいでしょうか？」と告げます。中断してしまった打ち合わせについては「続きはまたご連絡させていただきます」と言って、その日中か次の日の朝には連絡を。お詫びとともに、打ち合わせのアポイントを取ります。

　それでも、予想以上に時間がかかってしまった場合などは、しぐさで「タイムアップ」を伝えることもできます。腕時計や応接室の時計をさりげなく見る、テーブルの上にある資料をトントンと整理する、出されていたお茶を飲み干すなどがサインとなります。

　携帯電話でアラーム設定をして、次の予定に遅れないようにするのも一つの方法です。ただし、マナーモードにしておくこと。

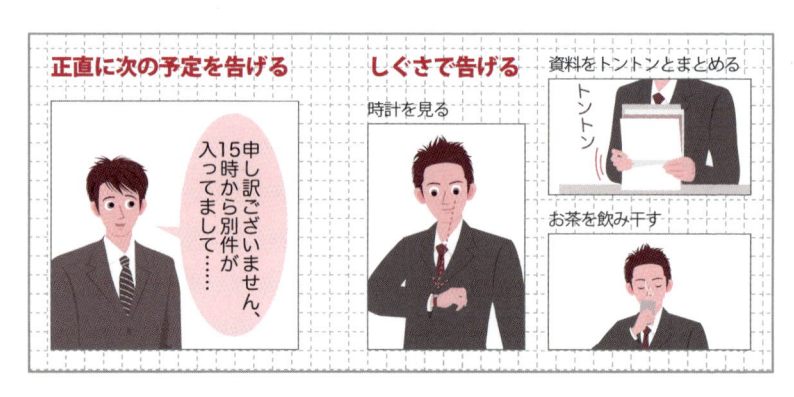

正直に次の予定を告げる

申し訳ございません、15時から別件が入ってまして……

しぐさで告げる

時計を見る

資料をトントンとまとめる

トントン

お茶を飲み干す

話が長い人との会話を打ち切るには

あいづちは控えめにして、切り上げる空気をつくるようにします。あいづちが少ないと、相手は「この話に興味はないんだな」と感じます。

打ち切る時には「お忙しそうですし、このあたりで……」など、こちらが遠慮する態度を示すと、相手の気分を害することもないでしょう。

それでも、どうしても終わらない時には、その後の予定がなくても「誠に申し訳ございませんが、次の予定が入っておりまして……」と伝えましょう。

話を打ち切る時

☐「お忙しそうですし、このあたりで……」

☐「あまりお時間を取らせてしまってもいけませんから」

☐「長居をすると、お仕事の邪魔になるでしょうから……」

注意・説教を切り上げるには

注意や説教に長い時間がかかると、こちらは相手のためを思って言っていることであっても、聞いている方は「ねちねちと文句ばかり言う」と感じて、話を真剣に聞かなくなってしまいます。大事なことを伝えたら、スパッと終わりにしましょう。いつまでも尾を引くと逆効果です。

「はい、この件はもうおしまい！　次は大丈夫よね」「言っていること、わかってくれたよね。じゃあ、席に戻って」と**終わりの合図**を出しましょう。

ワンポイント　後輩に注意したら、「あなたならちゃんとできると思うから」など、切り上げる前にフォローの言葉を忘れずに。

電話応対フレーズ集

電話を受ける

挨拶をする ➡ P61

- □「いつもお世話になっております」
- □「いつもありがとうございます」
- □「先日はありがとうございました」

相手の名前を尋ねる ➡ P63

- □「失礼ですが、どちらさまでしょうか？」
- □「恐れ入りますが、どちらの○○様でしょうか？」
- □「申し訳ございませんが、もう一度お名前を伺ってもよろしいでしょうか？」

名指し人が出られない時 ➡ P65

- □「申し訳ございませんが、○○はただいま手が離せないと申しております。○分後にこちらからお電話を差し上げてもよろしいでしょうか？」
- □「申し訳ございません。○○は休暇をいただいております。○日には出社いたしますが、いかがいたしましょうか？」
- □「あいにく○○は先ほど帰宅いたしました。明日は通常通り出社いたしますが、いかがいたしましょうか？」

伝言を復唱・確認する ➡ P67

- □「ここまでのお話を確認させていただけますでしょうか？」
- □「ここまでの内容は○○ということで間違いないでしょうか？」

「折り返し電話をほしい」と言われたら ➡ P73

- □「念のため、お電話番号を伺ってもよろしいでしょうか？」
- □「お電話番号は 12-3456-7890 で間違いございませんでしょうか？」

相手に言い直してもらう　　　　　➡ P75

☐「恐れ入ります。少々電波状態が悪いようなのですが」

☐「恐れ入りますが、もう一度おっしゃっていただけませんでしょうか？」

緊急の用件で名指し人が不在の時　　➡ P77

☐「お差し支えなければご用件を承りますが、よろしいでしょうか？」

☐「よろしければ、直ちに本人に連絡いたしまして、お電話を差し上げます」

☐「本人から直接連絡を入れさせるようにいたしますので、ご連絡先を教えていただけますでしょうか？」

代わりに用件を処理する　　　　　➡ P79

☐「よろしければ、私、○○が代わりにご用件を承りますが、いかがでしょうか？」

☐「確かに、私、○○が承りました。お電話ありがとうございました」

自分では答えられない問い合わせ電話　➡ P81

☐「お話の途中申し訳ございません。その件に関しましては他に詳しい者がおりますので、少々お待ちいただけますでしょうか？」

☐「恐れ入ります。その件に関しましては確認いたしますので、少々お時間を頂戴したいのですが、折り返しお電話を差し上げてもよろしいでしょうか？」

最後の挨拶の言葉　～状況別～　　　➡ P83

▼お礼の言葉

☐「お問い合わせありがとうございました」

☐「ご注文ありがとうございました」

☐「お電話ありがとうございました」

▼お詫びの言葉

☐「お待たせして申し訳ございませんでした」

☐「ご迷惑をおかけいたしまして申し訳ございませんでした」

☐「ご不快なお気持ちにさせてしまい申し訳ございませんでした」

☐「ご期待に添えず申し訳ございませんでした」

電話応対フレーズ集

▼次につなげる言葉
- □「今後ともよろしくお願いいたします」
- □「また何かございましたら、よろしくお願いいたします」
- □「何かご不明な点がございましたら、いつでもお電話ください」

電話をかける

電話を取り次いでもらう　➡P91
- □「営業部の○○様をお願いできますでしょうか？」
- □「広報ご担当者の方をお願いできますでしょうか？」
- □「どなたかおわかりになる方をお願いできますでしょうか」

用件を切り出す　➡P93
- □「早速ですが、○○の件で確認させていただけますか」
- □「○○ついてご報告したいのですが、5分ほどお時間をいただいてよろしいでしょうか？」
- □「昨日お問い合わせいただいた件でご連絡を差し上げました」

先方へ訪問する日時を決める　➡P95
- □「お忙しいところ恐縮ですが、○○の件でご都合のよろしい時にお目にかかりたいのですが、いかがでしょうか？」
- □「誠に申し訳ございません。あいにくその日は先約が入っておりますので、他の日ではいかがでしょうか？」

自分の用件でかけた相手が不在だった　➡P97
- □「それでは、○時頃にもう一度お電話いたします」
- □「電話があったことだけお伝えいただけますでしょうか」

不在の人に伝言をお願いする　➡P99
- □「おことづてをお願いできますでしょうか？」
- □「○○様にお伝えいただきたいのですが、お願いできますでしょうか？」

電話応対フレーズ集

自分からかけた時の最後の挨拶　➡ P101

▼お礼の言葉

☐「どうもありがとうございました」

☐「お忙しいところ、お時間をいただきまして誠にありがとうございました」

▼お詫びの言葉

☐「ご迷惑をおかけいたしまして申し訳ございませんでした」

☐「ご不快なお気持ちにさせてしまい申し訳ございませんでした」

☐「ご期待に添えず申し訳ございませんでした」

▼次につなげる言葉

☐「お手数をおかけいたしますが、どうぞよろしくお願いいたします」

☐「今後ともよろしくお願いいたします」

☐「またご連絡いたします」

☐「お忙しい中、お時間をいただいて恐縮ですが、よろしくお願いいたします」
※アポイントを取った時などに使います。

☐「何かご不明な点がございましたら、いつでもお電話ください」

言いにくいことを切り出す　➡ P105

☐「本日は、お願いの電話をさせていただきました」

☐「至急お調べ（ご確認）いただけないでしょうか？」

☐「恐れ入りますが（大変恐縮でございますが）～していただけませんでしょうか？」

☐「あいにくですが、私の一存では決めかねますので、上司と相談してご連絡いたします」

前の電話の補足、言い間違いの訂正をする　➡ P107

☐「念のため、申し添えたいことがございます」

☐「度々恐縮でございますが……」

電話をもらったのに不在にしていた時　➡ P109

☐「先ほどは席を外しておりまして、大変失礼いたしました」

☐「（何度も）お電話をいただきまして、申し訳ございませんでした」

☐「ご連絡が遅くなりまして、大変に失礼いたしました」

さまざまな電話応対

内容を確認・復唱する　➡ P137

- □「お話を確認させていただきます」
- □「それは……ということですね」
- □「それはどういうことでしょうか」
- □「……ということですね」
- □「恐れ入りますが、○○について詳細を確認させていただいてもよろしいでしょうか」

回答する時の切り出し方　➡ P139

- □「○○の件でお電話いたしました。込み入った内容なので10分程度お時間をいただきたいのですが、よろしいでしょうか？」
- □「お問い合わせの件ですが、結論から申し上げますと…」
- □「故障の原因についてですが、まず、○○の不具合が考えられます…」

注文を受ける　➡ P143

- □「あいにく本日の発送は終了しております。商品の到着は週明けの○日月曜日になりますが、よろしいでしょうか？」
- □「恐れ入ります。商品Aは○月○日をもって販売を終了させていただきました。せっかくご注文いただきましたのに、ご希望に添えず申し訳ございません」

依頼・問い合わせの電話をかける　➡ P147

- □「実は、折り入ってご相談があるのですが、お時間はよろしいでしょうか？」
- □「○○の件でお聞きしたいことがあり、お電話を差し上げました」
- □「お仕事中恐れ入りますが、ご担当の方はいらっしゃいますか？」
- □「お手数ですが〜していただけませんでしょうか？」

督促電話をかける　➡ P149

- □「〜ですが、ご確認いただけますでしょうか？」
- □「実は大変急いでいるのですが、いつ頃こちらに届けていただけますか？」

電話応対フレーズ集

抗議・クレームの電話をかける ➡ P153

- □「お伝えしたいことがあり、お電話いたしました。○○がまだ届いていないのですが、どのような状況になっていますでしょうか？」
- □「今後、どのように改善していくかお聞かせいただけますでしょうか？」

お礼の電話をかける ➡ P155

- □「先日は、お忙しい中ご足労いただきまして誠にありがとうございました」
- □「本日、宅配便にて資料が届きました。早々に手配していただきましてありがとうございました」
- □「一言、直接お礼を申し上げたいと思いまして」

謝罪の気持ちを伝える言葉 ➡ P157

- □「お電話で恐縮でございますが、とにかくお詫びをと思い、ご連絡させていただいております」
- □「こちらの不手際でたいへん申し訳ございませんでした」
- □「ご迷惑をおかけしており、申し訳ございません」

英語の電話応対

基本的な英語の応対 ➡ P159

▼会社名を名乗る
おはようございます（こんにちは）。○○社でございます
- □「Good morning (Good afternoon/Hello). This is ○○ company.」

▼用件を伺う
ご用件を承ります
- □「May I help you?」
- □「How can I help you?」

▼相手の名前を尋ねる
どちら様でしょうか？
- □「May I ask who is calling?」
- □「Who's calling(speaking), please?」

▼相手の名前を尋ねる
どなたにおかけでしょうか？
☐「Whom would you like to speak to?」

▼名指し人に取り次ぐ
○○に（□□部に）おつなぎいたします
☐「I'll connect you with Mr. ○○ (the □□ department).」

▼電話を保留にする時
少々お待ちください
☐「Hold on, please.」／☐「Just a moment, please.」
☐「Would you hold a second, please?」

▼相手の言っていることが聞き取れない時
失礼ですが……
☐「Excuse me, but……」

もう一度おっしゃっていただけますか？
☐「I beg your pardon?」／☐「Could you repeat that again?」

もう少し大きな声でお願いいたします
☐「Could you speak up a little?」

もう少しゆっくり話していただけますか？
☐「Could you speak more slowly?」

お名前のつづりを教えてくださいますか？
☐「Could you please spell your name?」

▼英語が話せる人に代わる時
英語ができるものに代わります
☐「I'll get someone who speaks English.」
☐「I'll get an English speaker.」

クレームの電話応対

相手を思いやるフレーズ　　➡ P168

☐「お怪我はなかったでしょうか？」
☐「お体は大丈夫でしょうか？」

解決策を説明する際に使えるフレーズ　　➡ P169

- □「お時間を5分いただいて、今後の対応について説明させていただきたいのですが」（時間を明確にする）
- □「～につきまして2点お伝えしたいことがございます」（数字で表現する）
- □「～はいたしかねます。と申しますのは……」（結論を先に出す）

クレーム電話でのあいづちの種類　　➡ P170

▼一般的なあいづち
- □「はい」
- □「なるほど」
- □「さようでございますか」

▼驚き
- □「そのようなことがあったのですか（大変申し訳ございませんでした）」

▼同意・共感
- □「私もそう思います」
- □「おっしゃる通りです」
- □「おっしゃることはよくわかります」
- □「ごもっともでございます」
- □「それは大変でございましたね」

▼話題の展開
- □「それからどうなさりましたか？」
- □「他に何かございますか？」
- □「他にご要望はございますか？」

▼内容の確認
- □「と、おっしゃいますと？」
- □「もう少し詳しくお聞かせいただけますか？」

具体的な謝罪の仕方　　➡ P173

- □「ご不快な思いをさせてしまい、誠に申し訳ございませんでした」
- □「お手数をおかけいたしまして、大変に申し訳ございませんでした」
- □「私どもの説明不足でご迷惑をおかけいたしました」

電話応対フレーズ集

- □「せっかくお越しいただきましたのに、ご期待に添えず申し訳ございませんでした」

クレーム内容を聞き出す言葉　　➡ P175

- □「いかがなされましたか？」
- □「どのようなことでお困りですか？」
- □「どのようなことがご不明ですか？」
- □「大変申し訳ございません。他に不具合はございませんでしょうか？」
- □「お手数をおかけいたしますが、どのような状態でしたかお話いただけますでしょうか？」
- □「よろしければ、○○についてもう少しお聞かせいただけませんか？」
- □「しかるべき者と代わりますので、どのようなことか少し伺えますでしょうか？」

気持ちを和らげる言葉　　➡ P179

▼謝罪の言葉

- □「申し訳ございません」
- □「ご負担をおかけいたしました」
- □「お役に立てず恐縮です」
- □「お手数をおかけいたしました」
- □「ご不快な気持ちにさせてしまい、申し訳ございません」
- □「ご迷惑をおかけし、お詫び申し上げます」
- □「ご面倒をおかけして、失礼いたしました」
- □「ご面倒をおかけする結果となり心苦しい限りです」
- □「不行き届きで、お詫びの言葉もございません」
- □「二度とそのようなことがないようにいたします」
- □「今後このようなことがないように、十分注意いたします」

▼共感を示す言葉

- □「おっしゃる通りでございます」
- □「ご指摘はごもっともでございます」
- □「ご事情をお察しいたします」

電話応対フレーズ集

- □「ご意見を真摯に受け止めます」
- □「さぞ、ご心配でしょう」
- □「確かに○○ですね」

▼クッション言葉
- □「お差し支えなければ」
- □「念のために」
- □「失礼ですが」
- □「あいにく」
- □「お手数ですが」
- □「恐縮ですが」
- □「申し訳ございませんが」

▼クレームの内容を聞く時
- □「具体的にはどのようなことでしょうか」
- □「お伺いできますでしょうか」
- □「お話しいただけますでしょうか」
- □「お聞かせいただけますでしょうか」

▼話を受ける時
- □「さようでございますか」
- □「かしこまりました」
- □「おっしゃっていることは承知いたしました」

クレームに対する感謝の言葉　　➡ P181

- □「本日は貴重なご意見を誠にありがとうございました」
- □「お電話ありがとうございました。今後ともよろしくお願い致します」
- □「おかげさまで問題点がわかりました。早急に対処いたします」
- □「早速、参考にさせていただきます」
- □「今後このようなことが起きないよう努力いたします」
- □「本日は役に立つご指摘をいただき、誠にありがとうございました」
- □「本日は大変良い勉強をさせていただきました。厳しいご指摘をいただき感謝しております」

監修者略歴

古谷治子（ふるや はるこ）

文京女子短期大学英文科卒業。東京放送、中国新聞社にて8年間実務を経験。その後、大学・短大等にて「就職支援講座」「ビジネス行動学」の講師を務める傍ら、心理学・カウンセリングを学ぶ。1993年、株式会社マネジメントサポートを設立。CS概念を軸に、現状を踏まえたオーダーメイド型研修で企業の課題解決、業績アップ、組織活性化を支援する。CS能力検証診断、階層別・職能別教育、コーチング・カウンセリング・ストレスマネジメントなど企業人のモチベーション向上とスキルアップに貢献。「品格」「モチベーション」「スキル」をベースとする三位一体教育の第一人者として、これまでの登壇回数は3,000回を超える。NTTユーザー協会審査員、東京商工会議所女性会理事、一般社団法人・品質と安全文化フォーラム理事なども務める。
著書に『仕事の基本が身につく本』（かんき出版）、『速習クレーム対応』『好感度アップ！速効 ビジネスマナー』『人に好かれる ものの言い方・伝え方のルールとマナー』（以上、日本実業出版社）、『職場でキラリと光るマナー＆気配り』（PHP研究所）など多数。

●連絡先
株式会社マネジメントサポート
〒108-0014　東京都港区芝5-19-4　芝5ビル
TEL 03-5418-4600　**FAX** 03-5418-4661　**E-mail** info@ma-support.co.jp
URL http://www.ma-support.co.jp/
　　　http://www.woman-support.com/

- 本文デザイン・DTP …… 有限会社 akifoto（後藤愛子）
- 本文・カバーイラスト ………… 両口実加
- 執筆担当 ……………… 島田比早子
- 編集協力 ……………… 有限会社ヴュー企画（蒲生真穂　池上直哉）
- 編集担当 ……………… 齋藤友里（ナツメ出版企画株式会社）

ナツメ社Webサイト
http://www.natsume.co.jp
書籍の最新情報（正誤情報を含む）はナツメ社Webサイトをご覧ください。

史上最強の電話応対のマナー
（しじょうさいきょう でんわおうたい）

2013年12月10日発行

監修者	古谷治子	Furuya Haruko,2010
発行者	田村正隆	

発行所	株式会社ナツメ社
	東京都千代田区神田神保町1-52　ナツメ社ビル1F（〒101-0051）
	電話　03（3291）1257（代表）　　FAX　03（3291）5761
	振替　00130-1-58661
制　作	ナツメ出版企画株式会社
	東京都千代田区神田神保町1-52　ナツメ社ビル3F（〒101-0051）
	電話　03（3295）3921（代表）
印刷所	株式会社技秀堂

ISBN978-4-8163-4862-4　　　　　　　　　　　　　　　　Printed in Japan
（定価はカバーに表示してあります）（落丁・乱丁本はお取り替えします）